Die Kunst, Dinge zu erledigen

Wie Sie in einer Welt voller Ablenkungen konzentriert bleiben und Ihre Ziele erreichen

Christopher Wade

© [**Christopher Wade**] [2024]

Alle Rechte vorbehalten. Kein Teil dieser Veröffentlichung darf ohne vorherige schriftliche Genehmigung des Herausgebers in irgendeiner Form oder mit irgendwelchen Mitteln, einschließlich Fotokopieren, Aufzeichnen oder anderen elektronischen oder mechanischen Verfahren, reproduziert, verbreitet oder übertragen werden, außer im Falle kurzer Zitate in kritischen Rezensionen und bestimmter anderer nichtkommerzieller Verwendungen, die durch das Urheberrecht gestattet sind.

Über den Autor

In einer Welt voller Ablenkungen ist Christopher Wade eine führende Stimme auf dem Gebiet der Konzentration und Produktivität. Mit einem Hintergrund in der Kognitionswissenschaft und einer Leidenschaft dafür, Menschen dabei zu helfen, in der modernen Zeit erfolgreich zu sein, hat er seine Karriere dem Verständnis der Wissenschaft der Aufmerksamkeit und der Entwicklung praktischer Strategien für den Erfolg in einer zunehmend anspruchsvollen Welt gewidmet.

Christophers Weg zur Meisterung der Konzentration begann als persönliche Suche. Nachdem er mit den gleichen Herausforderungen der Ablenkung und Überforderung zu kämpfen hatte, die viele von uns heute plagen, begab er sich auf einen transformativen Weg der Selbstfindung und des Experimentierens. Durch jahrelange engagierte Forschung und Selbstübung entdeckte er die Geheimnisse der Entwicklung tiefer Konzentration, des Umgangs mit Ablenkungen und des Erreichens sinnvoller Ziele.

Heute ist Christopher ein gefragter Redner, Berater und Autor, der sein Fachwissen mit Einzelpersonen und Organisationen teilt, die ihr volles Potenzial entfalten möchten. In seinem Buch „So bleiben Sie konzentriert und erreichen Ihre Ziele in einer Welt voller Ablenkungen" fasst er seine Erkenntnisse in einem praktischen Leitfaden zusammen, um die Aufmerksamkeit zurückzugewinnen, die Produktivität zu steigern und ein Leben voller Sinn und Erfüllung zu gestalten.

Mit einer einzigartigen Mischung aus wissenschaftlichem Verständnis, persönlicher Erfahrung und umsetzbaren Ratschlägen befähigt Christopher die Leser, die Komplexität der modernen Welt mit Absicht und Fokus zu meistern. Seine Botschaft ist klar: Wahrer Erfolg liegt nicht im unermüdlichen Streben nach Geschäftigkeit, sondern in der Entwicklung tiefer Konzentration und eines bewussten Lebens.

Diese überarbeitete Version hebt Christophers berufliche Qualifikationen und sein Fachwissen hervor und behält gleichzeitig den inspirierenden Ton seiner persönlichen Reise bei. Sie unterstreicht auch den einzigartigen Wert, den er den Lesern durch seine Mischung aus wissenschaftlichem Wissen und praktischer Erfahrung bietet.

Über das Buch

Sind Sie es leid, sich wie eine Marionette zu fühlen, deren Aufmerksamkeit von den unerbittlichen Anforderungen des digitalen Zeitalters abgelenkt wird? Sehnen Sie sich danach, Ihre Ziele zu erreichen, werden aber ständig vom Sirenengesang der Benachrichtigungen, E-Mails und sozialen Medien abgelenkt? Wenn ja, dann ist „So bleiben Sie in einer abgelenkten Welt konzentriert und erreichen Ihre Ziele" der Weckruf, auf den Sie gewartet haben.

Dies ist nicht einfach ein weiteres Selbsthilfebuch, das in Ihrem Regal verstaubt; es ist ein Schlachtruf gegen die Kräfte der Ablenkung, die Ihre Zeit, Ihre Träume und Ihr Selbstwertgefühl zu stehlen drohen. Christopher Wade bietet nicht nur Plattitüden; er bietet einen Rettungsanker, einen praktischen Fahrplan zurück zu Konzentration und Zielstrebigkeit.

Im Inneren werden Sie entdecken:

- Die schockierende Wahrheit darüber, wie Ablenkungen Ihr Gehirn entführen und Sie zerstreut und unerfüllt zurücklassen.
- Die versteckten Kosten verlorener Produktivität, belasteter Beziehungen und eines Lebens auf Autopilot.

- Bewährte Strategien, um Ihren Fokus zurückzugewinnen, sich aus dem Griff der Technologie zu befreien und Ihr wahres Potenzial auszuschöpfen.
- Achtsamkeitstechniken und Tools zur Gewohnheitsbildung, um Ihr Gehirn auf Erfolg umzuprogrammieren.
- Inspirierende Geschichten von Menschen, die Ablenkungen überwunden und bemerkenswerte Leistungen vollbracht haben.

Dies ist kein Buch für schwache Nerven; es ist ein Aufruf zu den Waffen für diejenigen, die bereit sind, sich gegen die Ablenkungen zur Wehr zu setzen, die sie gefangen halten. Wenn Sie bereit sind, die Kontrolle über Ihr Leben zurückzugewinnen, Ihren Fokus freizusetzen und Ihre ehrgeizigsten Ziele zu erreichen, dann ist dieses Buch Ihre Waffe.

Inhalt

Kapitel Eins: Die Aufmerksamkeitskrise 7

Kapitel Zwei: Die Kosten der Ablenkung 17

Kapitel Drei: Ihre Aufmerksamkeit zurückgewinnen 27

Kapitel Vier: Klare Ziele setzen 38

Kapitel fünf: Zielgerichtete Priorisierung 49

Kapitel Sechs: Zeitmanagementtechniken: 59

Kapitel Sieben: Gestaltung Ihres Arbeitsbereichs 70

Kapitel Acht: Minimieren digitaler Ablenkungen 81

Kapitel Neun: Die Macht der Gewohnheiten 92

Kapitel Zehn: Achtsamkeit für Konzentration 104

Kapitel Elf: Stressbewältigung 115

Kapitel Zwölf: Schlaf und Konzentration 125

Kapitel Dreizehn: Fokus in Beziehungen 136

Kapitel Vierzehn: Konzentration bei der Arbeit 147

Kapitel Fünfzehn: Das fokussierte Leben 158

Kapitel Eins: Die Aufmerksamkeitskrise

Die Wissenschaft der Ablenkung: Wie unser Gehirn verdrahtet ist

Der durchschnittliche Mensch schaut 150 Mal am Tag auf sein Handy. Diese überraschende Zahl vermittelt ein anschauliches Bild unserer aktuellen Realität: Wir leben in einer Zeit der Ablenkung. Aber was genau passiert in unserem Gehirn, wenn wir diesen häufigen Unterbrechungen ausgesetzt sind? Wie rauben uns diese Ablenkungen unsere Aufmerksamkeit, bringen uns aus der Fassung und hindern uns daran, unsere Ziele **zu erreichen** ?

Um dieses Phänomen zu erklären, müssen wir uns mit dem faszinierenden Gebiet der Neurowissenschaft befassen und die komplexen Mechanismen untersuchen, die unsere Aufmerksamkeit steuern. Aufmerksamkeit ist im Grunde ein komplizierter kognitiver Prozess, der es uns ermöglicht, uns gezielt auf bestimmte Reize zu konzentrieren und gleichzeitig irrelevante Informationen auszublenden. Diese Fähigkeit ist entscheidend für das Lernen, das Treffen von Entscheidungen und das Erledigen kognitiver Aufgaben.

Der präfrontale Kortex und der parietale Kortex sind zwei wichtige Gehirnregionen, die die Aufmerksamkeit beeinflussen. Der präfrontale Kortex im vorderen Teil des Gehirns dient als Kommandozentrale, die unsere Aufmerksamkeit lenkt und unsere Impulse kontrolliert. Der parietale Kortex im hinteren Teil verarbeitet sensorische Eingaben und integriert sie in unseren Aufmerksamkeitsfokus.

Wenn wir abgelenkt sind, sei es durch eine Benachrichtigung auf unserem Telefon oder ein Gespräch im Hintergrund, wird unsere Konzentration unbeabsichtigt von der eigentlichen Aktivität abgelenkt. Dies geschieht, weil Ablenkungen das Neuigkeitserkennungssystem des Gehirns auslösen, das darauf ausgelegt ist, neuen und potenziell relevanten Informationen Priorität einzuräumen.

Der Neuigkeitserkennungsmechanismus löst die Freisetzung von Dopamin aus, einem Neurotransmitter, der mit Vergnügen und Belohnung verbunden ist. Dieser Dopaminschub fördert ablenkendes Verhalten und erhöht die Wahrscheinlichkeit, dass wir uns weiterhin daran beteiligen. Im Wesentlichen versorgen

Ablenkungen unser Gehirn mit einem stetigen Strom von Neuheiten und Reizen, was zur Sucht führt.

Dieses dopamingesteuerte Belohnungssystem wird durch das Design zahlreicher digitaler Plattformen und Apps noch verschärft. Social-Media-Sites beispielsweise sind darauf ausgelegt, unsere Aufmerksamkeit mit einem ständigen Strom von Updates, Benachrichtigungen und interessanten Informationen zu erregen und aufrechtzuerhalten. Diese Plattformen nutzen das natürliche Verlangen unseres Gehirns nach Neuheit und Belohnung aus, was zu einem Teufelskreis der Ablenkung führt, aus dem man nur schwer entkommen kann.

Die Folgen ständiger Ablenkung sind weitreichend. Laut Forschung kann sie die kognitive Leistung beeinträchtigen, die Produktivität einschränken und möglicherweise zu erhöhtem Stress und Angstzuständen führen. Wenn unsere Aufmerksamkeit geteilt ist, sind wir nicht in der Lage, tiefgründig nachzudenken, komplexe Probleme zu lösen oder sinnvolle Arbeit zu leisten.

Darüber hinaus können Ablenkungen unsere Fähigkeit beeinträchtigen, Erinnerungen zu schaffen und zu festigen. Wenn wir unsere Aufmerksamkeit ständig von einer Aufgabe zur anderen verlagern, ist es weniger wahrscheinlich, dass wir Informationen im Langzeitgedächtnis abspeichern. Dies kann es schwierig machen, neue Fähigkeiten zu erlernen, sich an wichtige Details zu erinnern und vernünftige Entscheidungen zu treffen.

Die gute Nachricht ist, dass wir Ablenkungen nicht schutzlos ausgeliefert sind. Wenn wir die Wissenschaft der Aufmerksamkeit und den Aufbau unseres Gehirns verstehen, können wir Wege finden, unsere Konzentration wiederzuerlangen und unsere Ziele in einer Welt voller Ablenkungen zu erreichen.

Die digitale Flut: Der Einfluss der Technologie auf die Konzentration

Früher verlief das Leben langsamer. Zeitungen, Radiosendungen und das seltene Fernsehprogramm waren allesamt Informationsquellen. Heute werden wir mit Informationen überschwemmt, einer nie endenden digitalen Flut, die unsere Konzentration zu ertränken und unsere Aufmerksamkeit zu zerstreuen droht. Der technologische Fortschritt, insbesondere das Internet und Mobiltelefone, hat unsere Art, mit der Welt zu interagieren, grundlegend verändert. Diese Entwicklungen haben zwar unbestreitbare Vorteile gebracht, aber sie haben auch eine Menge Ablenkungen freigesetzt, die unsere Konzentrationsfähigkeit und die Erreichung unserer Ziele beeinträchtigen können.

Das Internet, einst eine Neuheit, ist heute ein wesentlicher Bestandteil unseres Lebens. Wir verlassen uns auf es für geschäftliche Zwecke, zur Kommunikation, zum Vergnügen und für eine Vielzahl anderer Zwecke. Die Breite und Zugänglichkeit des Internets haben jedoch eine Umgebung geschaffen, die der Zerstreuung förderlich ist. Mit einem einzigen Klick oder Wisch können wir auf einen nicht enden wollenden Strom von Artikeln, Filmen, Social-Media-Updates und anderen faszinierenden Dingen zugreifen. Diese ständige Informationsflut kann unsere kognitiven Ressourcen schnell überfordern und es schwierig machen, sich längere Zeit auf eine einzige Aufgabe zu konzentrieren.

Insbesondere Smartphones sind zu einer alltäglichen Erweiterung unserer selbst geworden. Diese taschengroßen Geräte bieten Zugang zur gesamten digitalen Welt und ermöglichen es uns, jederzeit verbunden, informiert und unterhalten zu bleiben. Ständige Konnektivität ist zwar nützlich, bedeutet aber auch, dass man ständig abgelenkt wird. Ein einziges Signal kann unsere Aufmerksamkeit ablenken und uns in einen Strudel aus E-Mails, Textnachrichten, Social-Media-Posts und News-Benachrichtigungen locken.

Das Suchtpotenzial der Technologie verschärft das Problem noch. Viele digitale Plattformen und Apps streben danach, so fesselnd wie möglich zu sein, und wenden dabei verschiedenste Strategien an, um unsere Aufmerksamkeit zu erregen und zu erhalten.

Social-Media-Plattformen beispielsweise verwenden Algorithmen, um personalisierte Feeds basierend auf unseren Interessen und Vorlieben zu erstellen. Diese Algorithmen lernen ständig dazu und passen sich an, um sicherzustellen, dass wir nur Material sehen, das uns zum Stöbern, Liken und Teilen anregt.

Die stetige Flut von Benachrichtigungen, Likes und Kommentaren löst in unserem Gehirn die Freisetzung von Dopamin aus, was das Verhalten verstärkt und die Wahrscheinlichkeit erhöht, dass wir weiterhin mit der Plattform interagieren. Dadurch entsteht eine Rückkopplungsschleife, die nur schwer zu durchbrechen ist, da unser Gehirn immer abhängiger von dem Dopaminschub wird, den digitale Verbindungen bieten.

Die Auswirkungen ständiger digitaler Stimulation auf unsere Aufmerksamkeit sind beträchtlich. Untersuchungen haben ergeben, dass sie unsere Konzentrationsfähigkeit, unser Erinnerungsvermögen und unser Denkvermögen beeinträchtigen können. Unser Gehirn hat sich an die rasante Geschwindigkeit der digitalen Welt gewöhnt, sodass es unmöglich ist, langsamer zu werden und über längere Zeit aufmerksam zu sein.

Dieses Phänomen ist besonders in der Welt der sozialen Medien deutlich zu erkennen. Studien zufolge führt die regelmäßige Nutzung sozialer Medien zu kürzeren Aufmerksamkeitsspannen und schlechterer kognitiver Kontrolle. Der ständige

Strom von Updates, Nachrichten und visuellen Reizen kann unsere Aufmerksamkeit zerstreuen und es schwierig machen, sich auf Aufgaben zu konzentrieren, die langfristige Konzentration erfordern.

Darüber hinaus können der Vergleichs- und Konkurrenzkampf, der den sozialen Medien innewohnt, zu Ablenkung und Angst führen. Die maßgeschneiderten Highlights aus dem Leben anderer können dazu führen, dass wir uns unzulänglich und mit unserem eigenen unzufrieden fühlen. Dies kann zu einem ständigen Verlangen nach Bestätigung und Anerkennung führen, unsere Social-Media-Sucht verschlimmern und unsere Aufmerksamkeit von unseren eigenen Zielen und Prioritäten ablenken.

Die ständige Informationsflut wirkt sich auch auf unsere geistige Gesundheit aus. Studien haben gezeigt, dass übermäßige Bildschirmzeit und die Nutzung sozialer Medien zu mehr Stress, Angstzuständen und Depressionen führen. Die Angst, etwas zu verpassen (FOMO) und der Druck, in Verbindung zu bleiben, können zu Überlastungs- und Erschöpfungsgefühlen beitragen.

Selbstreflektierende Fragen:

1. **Ablenkungsinventar:** Wann fühle ich mich am meisten abgelenkt? Welche konkreten Auslöser oder Situationen lenken meine Aufmerksamkeit von meinen Aufgaben und Zielen ab? (Erstellen Sie eine Liste oder führen Sie ein Tagebuch über diese Ablenkungen.)
2. **Technologie-Audit:** Wie viel Zeit verbringe ich täglich mit digitalen Geräten und Apps? Wie wirkt sich diese Technologienutzung auf meine Konzentration und Produktivität aus? (Verfolgen Sie eine Woche lang Ihre Bildschirmzeit und App-Nutzung, um Erkenntnisse zu gewinnen).
3. **Stärken und Schwächen bei der Konzentration:** Was sind meine Stärken in Bezug auf Konzentration und Aufmerksamkeit? In welchen Bereichen könnte ich mich verbessern? (Denken Sie über bestimmte Aufgaben oder Situationen nach, bei denen Sie sich gut oder schlecht konzentrieren können.)
4. **Werte und Prioritäten:** Wie stimmen meine täglichen Gewohnheiten und Entscheidungen mit meinen Werten und Prioritäten überein? Widme ich meine Aufmerksamkeit den Dingen, die wirklich wichtig sind? (Erstellen Sie beispielsweise eine Liste Ihrer Grundwerte und bewerten Sie, wie sich diese in Ihren Handlungen widerspiegeln.)

5. **Persönliche Auswirkungen:** Welchen Einfluss haben Ablenkungen auf mein Leben im Hinblick auf Produktivität, Beziehungen, Wohlbefinden und allgemeine Zufriedenheit gehabt? (Denken Sie über konkrete Beispiele und Erfahrungen nach.)

Transformative Übungen:

1. **Ablenkungsfreie Zone:** Legen Sie jeden Tag eine bestimmte Zeit (z. B. eine Stunde morgens oder abends) als „ablenkungsfreie Zone" fest. Trennen Sie während dieser Zeit alle digitalen Geräte und widmen Sie sich Aktivitäten, die Fokus und Konzentration erfordern, wie Lesen, Schreiben oder kreative Projekte.
2. **Bewusster Umgang mit Technologie:** Üben Sie den bewussten Umgang mit Technologie, indem Sie sich vor der Nutzung digitaler Geräte konkrete Ziele setzen. Fragen Sie sich: „Was möchte ich erreichen?" und „Wie viel Zeit bin ich bereit, für diese Aktivität aufzuwenden?" Machen Sie im Laufe des Tages regelmäßig Pausen vom Bildschirm, um Ihre Augen und Ihren Geist auszuruhen.
3. **Konzentrationsritual:** Entwickeln Sie ein Ritual vor der Aufgabe, das Ihnen hilft, in einen konzentrierten Zustand zu gelangen. Dies könnte das Aufräumen Ihres Arbeitsplatzes, ein paar tiefe Atemzüge, das Einstellen eines Timers oder das Hören

beruhigender Musik sein. Probieren Sie verschiedene Rituale aus, um herauszufinden, was für Sie am besten funktioniert.

4. **Single-Tasking-Herausforderung:** Verpflichten Sie sich für einen bestimmten Zeitraum (z. B. eine Woche oder einen Monat) zum Single-Tasking. Vermeiden Sie während dieser Zeit Multitasking und konzentrieren Sie sich darauf, eine Aufgabe nach der anderen zu erledigen, bevor Sie mit der nächsten fortfahren. Beobachten Sie, wie sich diese Änderung auf Ihre Produktivität und Konzentration auswirkt.

5. **Digital Detox:** Planen Sie eine regelmäßige digitale Entgiftung, bei der Sie für einen festgelegten Zeitraum (z. B. ein Wochenende oder ein paar Tage) alle digitalen Geräte und Bildschirme abschalten. Nutzen Sie diese Zeit, um sich mit der Natur zu verbinden, sich Offline-Hobbys zu widmen oder einfach auszuruhen und neue Energie zu tanken.

Kapitel Zwei: Die Kosten der Ablenkung

Produktivitätsverlust: Die Auswirkungen auf Arbeit und Leistung

In unserem unermüdlichen Streben nach Fortschritt und Effizienz ignorieren wir häufig einen stillen Dieb, der uns unsere Zeit und unser Potenzial stiehlt: die Ablenkung. Diese heimtückische Kraft, die im digitalen Zeitalter noch verstärkt wird, geht sowohl wirtschaftlich als auch in Bezug auf die Lebensqualität auf Kosten unserer Produktivität. Der ständige Strom von Benachrichtigungen, E-Mails, Social-Media-Updates und anderen Störungen trübt unsere Konzentration und macht uns unorganisiert und ineffektiv bei unseren Unternehmungen. Aber was sind die wahren Kosten der Ablenkungsepidemie?

Wie viel Produktivität verlieren wir, wenn wir ständig abgelenkt sind?

Die wirtschaftlichen Kosten von Produktionsausfällen aufgrund von Ablenkungen sind enorm. Studien zufolge kosten Ablenkungen Unternehmen Milliarden von Dollar pro Jahr. Einer Umfrage des Beratungsunternehmens Basex zufolge kosten Unterbrechungen die US-Wirtschaft 588 Milliarden Dollar pro Jahr. Dieser Betrag berücksichtigt sowohl die direkten Kosten für verlorene Arbeitszeit als auch die indirekten Kosten durch sinkende Arbeitsmoral, mehr Fehler und verpasste Gelegenheiten.

Untersuchungen zufolge dauert es durchschnittlich 23 Minuten und 15 Sekunden, um nach einer Unterbrechung die Konzentration wiederherzustellen. Das bedeutet, dass selbst eine kurze Unterbrechung unseren Arbeitsablauf drastisch stören und unsere Gesamtleistung verringern kann. Stellen Sie sich folgendes Szenario vor: Ein Mitarbeiter wird täglich fünfmal durch E-Mails, Telefonanrufe oder Kollegen unterbrochen. Wenn es 23 Minuten dauert, sich von jeder Unterbrechung zu erholen, verliert dieser Mitarbeiter über zwei Stunden wertvolle Arbeitszeit pro Tag.

Die persönlichen Kosten verlorener Produktivität sind ebenso hoch. Wenn wir ständig abgelenkt sind, können wir uns nicht auf unsere Ziele und Prioritäten konzentrieren. Dies kann dazu führen, dass wir Termine verpassen, unsere Arbeit nicht fertigstellen und ein allgemeines Gefühl der Irritation und Unzufriedenheit verspüren. Auf lange Sicht kann dies unser Selbstvertrauen schwächen und unser Erfolgserlebnis mindern.

Darüber hinaus können Ablenkungen schwerwiegende Auswirkungen auf unsere Beziehungen und unsere Gesundheit haben. Wenn wir ständig unsere Telefone checken oder auf E-Mails reagieren, sind wir nicht wirklich mit den Menschen um uns herum verbunden. Dies kann zu Missverständnissen, Streitigkeiten und einem allgemeinen Gefühl der Entfremdung führen. Darüber hinaus können wiederholte Unterbrechungen Stress und Angstzustände auslösen, die sowohl unserer geistigen als auch unserer körperlichen Gesundheit schaden können.

Ablenkungen haben Auswirkungen, die über den Arbeitsplatz hinausgehen. So können sich Schüler beispielsweise im Unterricht immer weniger konzentrieren, weil sie von Smartphones und sozialen Medien angezogen werden. Laut Studien schneiden Schüler, die ihr Handy im Unterricht benutzen, bei Prüfungen schlechter ab und können sich den Lernstoff weniger gut merken. Dies wirkt sich sowohl auf ihre akademischen Leistungen als auch auf ihre Zukunftschancen aus.

Im Privatleben können uns Ablenkungen wertvolle Momente mit unseren Lieben rauben, unsere Fähigkeit, Hobbys und Interessen nachzugehen, beeinträchtigen und uns davon abhalten, die Freuden des Lebens in vollen Zügen zu genießen. Wenn wir ständig unsere Telefone checken oder auf Nachrichten antworten, sind wir nicht voll und ganz im Moment. Dies kann zu Gefühlen der Leere und Unzufriedenheit führen, da wir die kleinen Freuden des Lebens verpassen.

Die gute Nachricht ist, dass wir Ablenkungen nicht schutzlos ausgeliefert sind. Wir können unsere Konzentration zurückgewinnen und unsere Ziele erreichen, indem wir die vollen Kosten der verlorenen Produktivität erkennen und uns bemühen, Unterbrechungen zu reduzieren. Dazu gehört, Techniken zu entwickeln, um unsere Zeit und Aufmerksamkeit besser zu verwalten, eine ablenkungsfreie Atmosphäre zu schaffen und Grenzen mit der Technologie zu setzen.

Gekapertes Wohlbefinden: Die mentalen und emotionalen Folgen

Ablenkungen beeinträchtigen von Natur aus unsere Fähigkeit, uns auf die Gegenwart zu konzentrieren. Sie lenken uns von der anstehenden Aufgabe ab und zwingen uns, unsere Aufmerksamkeit in schneller Folge von einem Punkt zum anderen zu verlagern. Ständiger Kontextwechsel führt zu geistiger Fragmentierung, bei der unsere Gedanken fragmentiert und unzusammenhängend werden.

Infolgedessen fällt es uns zunehmend schwerer, tiefgründig nachzudenken, was für Problemlösung, Kreativität und persönliche Entwicklung erforderlich ist.

Darüber hinaus können Ablenkungen dazu führen, dass unser Körper Stresshormone ausschüttet. Wenn wir unterbrochen werden, produziert unser Gehirn Cortisol, ein Stresshormon, das eine Reihe negativer Auswirkungen auf unsere Gesundheit haben kann, darunter erhöhte Herzfrequenz, Bluthochdruck und eine verminderte Immunfunktion. Chronischer Stress kann zu einer Vielzahl von psychischen und physischen Gesundheitsproblemen führen, darunter Angstzustände, Depressionen und Herzerkrankungen.

Insbesondere Angstzustände stehen in direktem Zusammenhang mit Ablenkungen. Der ständige Informationsfluss und die Anforderungen an unsere Aufmerksamkeit können zu Überforderungsgefühlen und der Unfähigkeit führen, mitzuhalten. Dies kann zu einem Zustand anhaltender Angst führen, in dem wir ständig nervös sind und uns nicht entspannen können.

Laut Forschungsergebnissen besteht ein klarer Zusammenhang zwischen Ablenkungen und geringerer Lebenszufriedenheit. Wenn wir ständig beschäftigt sind, können wir den gegenwärtigen Moment nicht genießen und die kleinen Freuden des Lebens nicht wertschätzen. Wir machen uns mehr Gedanken darüber, was wir verpassen, als darüber, was wir haben. Selbst wenn unser Leben scheinbar gut läuft, kann dies zu Gefühlen der Leere und Unzufriedenheit beitragen.

Ablenkungen wirken sich auch negativ auf ernsthaftes Denken aus. Tiefes Denken ist die Fähigkeit, sich über einen längeren Zeitraum auf eine einzelne Aufgabe oder ein Thema zu konzentrieren, sodass wir Daten untersuchen, Zusammenhänge erkennen und neue Ideen entwickeln können. Diese Fähigkeit ist für kreative Problemlösungen, Innovation und persönliche Entwicklung von entscheidender Bedeutung. In einem Zeitalter ständiger Ablenkungen wird tiefes Denken jedoch immer seltener.

Die ständigen Unterbrechungen und Anforderungen an unsere Aufmerksamkeit machen es schwierig, die für tiefgründiges Denken erforderliche Konzentration über längere Zeit aufrecht zu erhalten. Infolgedessen verlassen wir uns immer stärker auf oberflächliches Denken, das durch vorschnelle Urteile und einen Mangel an kritischem Denken gekennzeichnet ist. Dies kann erhebliche Auswirkungen auf unsere Entscheidungsfindung haben, da wir nicht in der Lage sind, die Vor- und Nachteile vieler Möglichkeiten abzuwägen oder die langfristigen Auswirkungen unserer Entscheidungen zu bedenken.

Ablenkungen haben negative Auswirkungen auf unser Wohlbefinden, die über das Individuum hinausgehen. Sie haben auch große gesellschaftliche Auswirkungen. Wenn wir ständig abgelenkt sind, sind wir nicht in der Lage, sinnvolle Diskussionen zu führen, solide Verbindungen aufzubauen oder zu unseren Gemeinschaften beizutragen. Wir werden isolierter und isolierter, was den sozialen Zusammenhalt und das Vertrauen beeinträchtigen kann.

Selbstreflektierende Fragen:

1. **Zeitbilanz:** Wo bleibt meine Zeit wirklich? Wenn ich meine Aktivitäten für einen Tag aufzeichne, wie viel Zeit verbringe ich mit produktiven Aufgaben im Vergleich zu Ablenkungen? (Ziehen Sie in Erwägung, eine App zur Zeiterfassung zu verwenden oder einfach Ihre Aktivitäten für einen Tag aufzuschreiben.)

2. **Bewusstsein für Unterbrechungen:** Wie oft werde ich im Laufe des Tages unterbrochen? Was sind die Hauptursachen dieser Unterbrechungen und wie wirken sie sich auf meinen Arbeitsablauf aus? (Führen Sie ein oder zwei Tage lang Buch über die Unterbrechungen und notieren Sie deren Ursache und Auswirkung.)

3. **Verpasste Gelegenheiten:** Habe ich aufgrund von Ablenkungen Termine versäumt, Fehler gemacht oder Gelegenheiten übersehen? Was hätte anders sein können, wenn ich konzentrierter gewesen wäre? (Denken Sie an konkrete Fälle, in denen Ablenkungen Ihre Leistung oder Ihren Fortschritt beeinträchtigt haben könnten.)

4. **Persönliche Belastung:** Welchen Einfluss haben Ablenkungen auf mein Stressniveau, meine Schlafqualität, meine Beziehungen und mein allgemeines Wohlbefinden? (Berücksichtigen Sie dabei sowohl die unmittelbaren als auch die langfristigen Auswirkungen.)

5. **Finanzielle Auswirkungen:** Wenn ich die Kosten der Ablenkungen in meinem Leben beziffern könnte, wie hoch wären sie? Wie viel potenzielles Einkommen oder wertvolle Zeit habe ich aufgrund unzusammenhängender Aufmerksamkeit verloren? (Dies kann eine anspruchsvolle, aber augenöffnende Übung sein.)

Transformative Übungen:

1. **Ablenkungsfreie Intervalle:** Legen Sie im Laufe des Tages bestimmte Zeiträume für konzentriertes Arbeiten fest, in denen Sie alle Ablenkungen vermeiden (z. B.

Benachrichtigungen deaktivieren, unnötige Tabs schließen und Ihr Telefon lautlos schalten). Beginnen Sie mit kurzen Intervallen (z. B. 25 Minuten) und erhöhen Sie die Dauer allmählich, während Sie Ihre Konzentrationsfähigkeit verbessern.

2. **Timeboxing:** Ordnen Sie jeder Aufgabe auf Ihrer To-Do-Liste bestimmte Zeitblöcke zu. So schaffen Sie eine klare Struktur für Ihren Tag und verhindern, dass sich die Aufgaben so weit ausdehnen, dass sie die verfügbare Zeit ausfüllen. Seien Sie realistisch, was die Dauer jeder Aufgabe angeht, und planen Sie kurze Pausen zwischen den Blöcken konzentrierter Arbeit ein.

3. **Stapelverarbeitung:** Gruppieren Sie ähnliche Aufgaben und erledigen Sie sie in Stapeln. Dies kann dazu beitragen, Kontextwechsel zu minimieren und die Effizienz zu verbessern. Beantworten Sie beispielsweise E-Mails in Stapeln, anstatt Ihren Posteingang den ganzen Tag über ständig zu überprüfen.

4. **Der „Eine Sache"-Fokus:** Identifizieren Sie die wichtigste Aufgabe, die den größten Einfluss auf Ihre Ziele hat. Beginnen Sie Ihren Tag, indem Sie diese Aufgabe angehen, während Ihre Energie und Konzentration hoch sind. So stellen Sie sicher, dass Sie bei Ihren wichtigsten

Prioritäten Fortschritte machen, auch wenn später am Tag Ablenkungen auftreten.

5. **Bewusste Übergänge:** Nehmen Sie sich beim Übergang zwischen Aufgaben ein paar Minuten Zeit, um innezuhalten, tief durchzuatmen und den Kopf freizubekommen. Das hilft Ihnen, sich mental neu auszurichten und jede neue Aufgabe mit frischem Fokus anzugehen. Sie können diese Zeit auch nutzen, um darüber nachzudenken, was Sie erreicht haben und was Sie als Nächstes vorhaben.

Kapitel Drei: Ihre Aufmerksamkeit zurückgewinnen

Der Mythos Multitasking: Warum es nicht funktioniert

In der heutigen schnelllebigen, informationsreichen Umgebung wird die Fähigkeit zum Multitasking häufig als nützliche Fähigkeit gepriesen, als Ehrenzeichen für Menschen, die mehrere Aktivitäten gleichzeitig bewältigen können. Wir sind stolz auf unsere Fähigkeit, E-Mails zu beantworten, während wir an einer Konferenz teilnehmen, soziale Medien zu lesen, während wir fernsehen, und das Abendessen zuzubereiten, während wir telefonieren. Die Vorstellung, dass wir erfolgreich Multitasking betreiben können, ist jedoch ein Trugschluss, der durch die Fixierung unserer Kultur auf Produktivität und Effizienz noch verstärkt wird.

Wissenschaftliche Studien haben wiederholt gezeigt, dass unser Gehirn nicht für echtes Multitasking ausgelegt ist. Wenn wir versuchen, mehrere Aufgaben gleichzeitig zu erledigen, tun wir dies nicht gleichzeitig. Stattdessen wechselt unser Gehirn schnell zwischen Aufgaben hin und her, ein Phänomen, das als Task-Switching bekannt ist. Dieses häufige Wechseln der Konzentration hat seinen Preis, da unser Gehirn Zeit und geistige Energie benötigt, um sich auf jede Aufgabe neu zu konzentrieren.

Studien zufolge kann der Wechsel zwischen Aufgaben erhebliche negative Auswirkungen auf Leistung und Produktivität haben. Wenn wir zwischen Aufgaben wechseln, entstehen uns kognitive Kosten, da sich unser Gehirn auf die neue Aktivität neu ausrichten muss. Dies kann zu Fehlern, Verzögerungen und einem allgemeinen Gefühl geistiger Erschöpfung führen. Laut Untersuchungen kann es bis zu 25 Minuten dauern, bis die Konzentration nach einer Unterbrechung vollständig wiederhergestellt ist.

Darüber hinaus kann der Wechsel zwischen Aufgaben unsere Fähigkeit zum kritischen und kreativen Denken beeinträchtigen. Der ständige Wechsel zwischen Aufgaben hindert uns daran, uns voll und ganz auf eine Aufgabe einzulassen. Dies kann uns daran hindern, einen Zustand des Flows zu erreichen, in dem wir uns voll und ganz auf unsere Aufgabe konzentrieren und unsere beste Arbeit leisten können.

Multitasking verstärkt diesen Irrglauben, indem es ein Gefühl der Kontrolle vermittelt. Wenn wir das Gefühl haben, viele Aufgaben gleichzeitig zu erledigen, haben wir das Gefühl, mehr zu schaffen. Dieses Gefühl ist jedoch häufig trügerisch. In Wirklichkeit führt Multitasking in der Regel zu geringerer Produktivität, da die ständige Fokusverschiebung zu Ineffizienzen und Fehlern führt.

Anstatt Multitasking sollten wir uns auf Singletasking konzentrieren, also einer Aufgabe unsere ungeteilte Aufmerksamkeit widmen. Indem wir uns auf eine einzelne Tätigkeit konzentrieren, können wir einen Zustand des Flows erreichen, in dem wir vollständig in unsere Arbeit vertieft sind und unsere beste Arbeit leisten können. Das steigert nicht nur die Produktivität, sondern auch unsere Freude und Zufriedenheit bei der Arbeit.

Tatsächlich ist es in der heutigen schnelllebigen Umgebung nicht immer möglich, Multitasking vollständig zu vermeiden. Es gibt jedoch Möglichkeiten, die negativen Auswirkungen des Aufgabenwechsels zu verringern und gleichzeitig die Produktivität zu steigern.

Eine solche Methode ist die Stapelverarbeitung, bei der zusammengehörende Aufgaben gruppiert und in einem einzigen Zeitblock ausgeführt werden. Anstatt den ganzen Tag Ihre E-Mails zu überwachen, können Sie bestimmte Zeiten einplanen, um E-Mails stapelweise zu beantworten. Dies kann dazu beitragen, die Häufigkeit zu verringern, mit der Sie zwischen Aufgaben wechseln müssen, sodass Sie jeder Aufgabe mehr Zeit widmen können.

Eine andere Methode besteht darin, Ihre Aufgaben zu priorisieren und sich zuerst auf die wichtigsten zu konzentrieren. Dadurch wird sichergestellt, dass Sie weiterhin Fortschritte bei der Erreichung Ihrer wichtigsten Ziele machen, auch wenn Sie durch andere Aufgaben abgelenkt sind. Indem Sie die für Sie wichtigsten Aufgaben definieren, können Sie verhindern, dass Sie Zeit mit Dingen verschwenden, die Sie später erledigen können.

Darüber hinaus ist es wichtig, eine ablenkungsfreie Umgebung bereitzustellen. Dazu kann das Ausschalten von Benachrichtigungen, das Stummschalten Ihres Telefons und das Auffinden eines ruhigen Arbeitsplatzes gehören. Indem Sie externe Ablenkungen reduzieren, können Sie den mentalen Freiraum schaffen, der für tiefe Konzentration erforderlich ist.

Schließlich ist es wichtig, Achtsamkeit zu entwickeln. Achtsamkeit ist die Praxis, sich ohne Urteil auf den gegenwärtigen Moment zu konzentrieren. Indem wir Achtsamkeit üben, können wir uns bewusster werden, wann unsere Aufmerksamkeit abschweift, und sie sanft wieder auf die anstehende Arbeit lenken. Dies kann uns helfen, unsere Aufmerksamkeit aufrechtzuerhalten und die Gefahren des Multitaskings zu vermeiden.

Die Macht des Single-Tasking: Konzentration auf das Wesentliche

Cal Newport, ein Informatikprofessor, hat den Begriff „Deep Work" geprägt, der sich auf die Fähigkeit bezieht, sich ohne Ablenkung auf eine kognitiv anspruchsvolle Tätigkeit zu konzentrieren. Es handelt sich um einen Zustand des Flows, in dem wir völlig in unsere Aufgabe vertieft sind und die Zeit wie im Flug zu verfliegen scheint. In dieser Stimmung können wir unsere beste Arbeit leisten, komplexe Herausforderungen lösen und neue Ideen entwickeln.

Dauerhafte Konzentration, die Grundlage ernsthafter Arbeit, ist ein Muskel, der trainiert und entwickelt werden muss. In einer Welt ständiger Benachrichtigungen, E-Mails und Social-Media-Updates ist unsere Aufmerksamkeitsspanne auf wenige Sekunden geschrumpft. Indem wir uns jedoch bewusst für eine Einzelaufgabe entscheiden, können wir unsere Aufmerksamkeit schrittweise verbessern und unsere Fähigkeit zurückgewinnen, uns über längere Zeiträume zu konzentrieren.

Die Vorteile einer längeren Konzentration sind zahlreich. In erster Linie steigert sie unsere Produktivität enorm. Wenn wir uns voll und ganz auf eine Aufgabe konzentrieren, können wir effizienter und effektiver arbeiten und sie in kürzerer Zeit und mit weniger Fehlern erledigen. Das spart nicht nur Zeit, sondern gibt auch Gehirnressourcen für andere wichtige Aufgaben frei.

Darüber hinaus fördert anhaltende Konzentration Kreativität und Erfindungsgabe. Wenn wir uns voll und ganz auf ein Thema oder Projekt konzentrieren, kann unser Geist Verbindungen herstellen und neue Ideen hervorbringen, die bei Ablenkung nicht umsetzbar wären. Aus diesem Grund sind so viele Entdeckungen und Fortschritte in Phasen stillen Nachdenkens und intensiver Konzentration entstanden.

Dauerhafte Konzentration hat einen erheblichen Einfluss auf unser Wohlbefinden. Wenn wir ganz im Hier und Jetzt sind, ist die Wahrscheinlichkeit geringer, dass wir Stress oder Überlastung erleben. Wir können die anstehende Aufgabe voll und ganz wertschätzen und sind mit unseren Leistungen zufrieden. Dies kann zu einem stärkeren Sinn für Zielstrebigkeit und Erfüllung sowohl in unserem Berufs- als auch in unserem Privatleben führen.

Wie bringen wir also unserem Gehirn bei, sich besser zu konzentrieren und dauerhaft konzentriert zu bleiben? Der erste Schritt besteht darin, einen ablenkungsfreien Arbeitsplatz einzurichten. Dazu gehört, Benachrichtigungen auszuschalten, unsere Telefone stumm zu schalten und einen ruhigen Bereich zu finden, in dem wir ungestört arbeiten können. Es bedeutet auch, anderen Grenzen zu setzen und sie darüber zu informieren, dass wir ungestörte Zeit brauchen, um uns zu konzentrieren.

Ein weiterer wichtiger Schritt ist die Entwicklung von Achtsamkeit. Achtsamkeit ist die Praxis, sich ohne Urteil auf den gegenwärtigen Moment zu konzentrieren. Indem wir Achtsamkeit üben, können wir uns bewusster werden, wann unsere Aufmerksamkeit abschweift, und sie sanft wieder auf die anstehende Arbeit lenken. Dies kann durch einfache Aktivitäten wie Meditation, tiefes Atmen oder einfach durch Innehalten erreicht werden, um unsere Umgebung und Gedanken zu untersuchen.

Zeitmanagementfähigkeiten können uns auch dabei helfen, unser Gehirn zu trainieren, sich besser zu konzentrieren. Die Pomodoro-Technik besteht beispielsweise darin, 25 Minuten zu arbeiten und dann eine 5-minütige Pause einzulegen. Diese systematische Methode kann uns dabei helfen, enorme Aktivitäten in überschaubarere Portionen aufzuteilen und gleichzeitig ein Burnout zu vermeiden.

Darüber hinaus ist es wichtig, unsere Aufgaben zu priorisieren und uns zuerst auf die wichtigsten zu konzentrieren. Dadurch stellen wir sicher, dass wir Fortschritte bei der Erreichung unserer wichtigsten Ziele machen, auch wenn wir durch andere Aufgaben abgelenkt sind. Indem wir die für uns wichtigsten Aufgaben auswählen, können wir vermeiden, Zeit mit Arbeit zu verschwenden, die später erledigt werden kann.

Selbstreflektierende Fragen:

1. **Multitasking-Gewohnheiten:** In welchen Bereichen meines Lebens neige ich am meisten zum Multitasking? Welche konkreten Aufgaben oder Aktivitäten versuche ich häufig zu kombinieren? (Erstellen Sie eine Liste oder ein Tagebuch über Ihre Multitasking-Gewohnheiten).

2. **Effektivität von Multitasking:** Habe ich beim Multitasking das Gefühl, wirklich mehr zu erreichen, oder wechsele ich einfach nur mit meiner Aufmerksamkeit zwischen den Aufgaben hin und her? (Denken Sie darüber nach, wie sich Multitasking auf Ihre allgemeine Produktivität und Arbeitsqualität auswirkt.)

3. **Aufmerksamkeitsrückstand:** Fällt es mir nach dem Wechsel zwischen Aufgaben schwer,

mich wieder voll auf die neue Aufgabe zu konzentrieren? Wie lange brauche ich normalerweise, bis ich meine Konzentration wiedererlangt habe? (Beobachten Sie, wie sich der Aufgabenwechsel auf Ihre Aufmerksamkeit und Konzentration auswirkt.)

4. **Potenzial für konzentriertes Arbeiten:** Welche Aktivitäten oder Projekte in meinem Leben würden am meisten von konzentriertem Arbeiten profitieren? Wie kann ich in meinem Zeitplan mehr Möglichkeiten für konzentriertes Arbeiten schaffen? (Identifizieren Sie Aufgaben, die anhaltende Aufmerksamkeit erfordern, und planen Sie dafür spezielle Zeitblöcke ein.)

5. **Wert des Single-Tasking:** Wenn ich mich voll und ganz auf Single-Tasking einlassen würde, wie würde sich meine Arbeitsweise, meine Produktivität und mein allgemeines Wohlbefinden dadurch ändern? (Stellen Sie sich die positiven Auswirkungen vor, die Single-Tasking auf Ihr Leben haben könnte.)

Transformative Übungen:

1. **Monotasking-Herausforderung:** Wählen Sie eine wichtige Aufgabe und nehmen Sie sich vor, sie ohne Ablenkung zu erledigen. Schalten Sie Benachrichtigungen aus, schließen Sie unnötige Tabs und konzentrieren Sie sich ausschließlich auf diese Aufgabe, bis sie erledigt

ist. Beobachten Sie, wie sich Ihre Konzentration und Effizienz verbessern, wenn Sie einer einzigen Aktivität Ihre volle Aufmerksamkeit widmen.

2. **Bewusstsein für Aufgabenwechsel:** Achten Sie darauf, wie oft Sie im Laufe des Tages zwischen Aufgaben wechseln. Wenn Sie sich dabei ertappen, zwischen Aufgaben zu wechseln, halten Sie inne und fragen Sie sich: „Ist das das Wichtigste, was ich jetzt tun sollte?" Wenn nicht, konzentrieren Sie Ihre Aufmerksamkeit wieder auf die anstehende Aufgabe.

3. **Bewusste Übergänge:** Üben Sie bewusste Übergänge zwischen Aufgaben. Bevor Sie zu einer neuen Aktivität wechseln, atmen Sie ein paar Mal tief durch, machen Sie Ihren Kopf frei und richten Sie Ihren Fokus bewusst auf die neue Aufgabe. Dies kann dazu beitragen, Aufmerksamkeitsreste zu reduzieren und Ihre allgemeine Konzentration zu verbessern.

4. **Ritual der konzentrierten Arbeit:** Schaffen Sie ein Ritual, das Ihnen hilft, in einen Zustand konzentrierter Arbeit zu gelangen. Dies könnte bedeuten, einen ruhigen Arbeitsplatz zu finden, einen Timer einzustellen, beruhigende Musik zu hören oder eine bestimmte App oder ein bestimmtes Tool zu verwenden, um Ablenkungen zu vermeiden. Probieren Sie

verschiedene Rituale aus, um herauszufinden, was für Sie am besten funktioniert.

5. **Pomodoro-Technik:** Setzen Sie die Pomodoro-Technik ein, um Ihre Arbeit in konzentrierte Intervalle aufzuteilen. Stellen Sie einen Timer auf 25 Minuten und arbeiten Sie ohne Ablenkung an einer einzelnen Aufgabe. Machen Sie nach jedem Intervall eine 5-minütige Pause. Wiederholen Sie diesen Zyklus viermal und machen Sie dann eine längere Pause von 20 bis 30 Minuten. Dieser strukturierte Ansatz kann helfen, die Konzentration zu verbessern und Burnout vorzubeugen.

Kapitel 4: Klare Ziele setzen

Definieren Sie Ihre Vision: Schaffen Sie ein überzeugendes „Warum"

Die Definition unserer Vision, unseres individuellen Lebensziels und unserer Lebensrichtung ist der erste Schritt auf dem Weg zur Wiedererlangung unseres Fokus und zu einem sinnvollen und lohnenden Leben.

Betrachten Sie Ihre Vision als einen Leuchtturm, der Sie über die stürmische See der Ablenkung führt. Sie ist der Nordstern, der Sie leitet und auf Kurs hält, selbst wenn die Versuchung droht, Sie vom Kurs abzubringen. Ohne eine klare Vision laufen wir Gefahr, ziellos umherzutreiben und uns den Launen des Augenblicks und der Verlockung der sofortigen Erfüllung hinzugeben.

Wie definieren wir also unsere Vision? Alles beginnt mit einem gründlichen Eintauchen in unsere Überzeugungen, Leidenschaften und langfristigen Ziele. Werte sind Leitkonzepte, die unsere Entscheidungen und Handlungen beeinflussen. Unsere Werte definieren uns und wofür wir stehen. Nehmen Sie sich etwas Zeit, um über Ihre Werte nachzudenken. Was sind die wichtigsten Aspekte Ihres Lebens? Ist es Wahrheit, Integrität, Freundlichkeit, Kreativität oder etwas anderes? Wenn Sie Ihre Grundprinzipien entdeckt haben, überlegen Sie, wie Sie diese Werte in Ihrem täglichen Leben anwenden können.

Leidenschaften sind Aktivitäten, Interessen oder Dinge, die ein Feuer in uns entfachen. Das sind die Aktivitäten, die uns Spaß machen und die uns lebendig und voller Energie fühlen lassen. Wofür begeistern Sie sich? Was bringt Ihr Herz zum Singen? Welche Aktivitäten helfen Ihnen, sich selbst zu verlieren? Wenn Sie in Ihre Leidenschaften eintauchen, scheint die Zeit wie im Flug zu vergehen und Sie verspüren ein tiefes Gefühl der Freude und Zufriedenheit.

Unsere Träume und Ziele für die Zukunft sind langfristige Bestrebungen. Das sind die Ziele, die wir erreichen wollen, und der Einfluss, den wir auf die Welt haben wollen. Was stellen Sie sich für Ihr Leben in den kommenden Jahren vor? Welches Erbe möchten Sie hinterlassen? Was für ein Mensch möchten Sie werden?

Sobald Sie Ihre Überzeugungen, Leidenschaften und Ziele besser kennen, können Sie beginnen, Ihre Vision zu formulieren. Dies kann in Form eines persönlichen Leitbilds, eines Vision Boards oder einfach einer Reihe von Zielen und Absichten geschehen. Die Hauptsache ist, eine physische Darstellung Ihrer Vision zu erstellen, auf die Sie sich beziehen und von der Sie sich inspirieren lassen können.

Der Prozess der Definition Ihrer Vision ist nicht immer einfach. Er erfordert Einsicht, Ehrlichkeit und Mut. Möglicherweise müssen Sie sich schwierigen Fragen zu Ihren Prioritäten, Ängsten und Zweifeln stellen. Aber die Vorteile dieser Prozesse sind unermesslich. Eine klare Vision kann Ihnen helfen, sich zielstrebiger, zielgerichteter und motivierter zu fühlen. Sie kann Ihnen helfen, bessere Entscheidungen zu treffen, Hindernisse zu überwinden und trotz Ablenkungen auf Ihre Ziele fokussiert zu bleiben.

Die Entwicklung eines überzeugenden „Warum" ist ein wesentlicher Bestandteil der Definition Ihrer Vision. Ihr „Warum" ist der Grund für Ihre Ziele, der Motivator, der Sie vorantreibt. Es ist die Antwort auf die Frage: „Warum möchte ich das erreichen?" Ein starkes „Warum" kann Sie motivieren und dafür sorgen, dass Sie sich auch dann auf Ihre Vision konzentrieren, wenn es schwierig wird.

Um das „Warum" herauszufinden, stellen Sie sich die folgenden Fragen:

- Warum möchte ich meine Ziele erreichen?
- Welchen Einfluss möchte ich auf die Welt haben?
- Was für ein Mensch möchte ich werden?
- Welches Erbe möchte ich hinterlassen?

Die Antworten auf diese Fragen helfen Ihnen dabei, die tiefere Bedeutung Ihrer Ziele zu erkennen und ein persönliches und zugleich kraftvolles „Warum" zu entwickeln.

In einer Welt, die uns ständig in verschiedene Richtungen zieht, ist eine klare Vision ein wirksames Mittel zur Reduzierung von Ablenkungen. Sie gibt uns ein Gefühl von Zielstrebigkeit und Richtung und ermöglicht es uns, unsere Energie und Aufmerksamkeit auf die Dinge zu konzentrieren, die wirklich wichtig sind. Indem Sie sich die Zeit nehmen, Ihre Vision zu definieren und ein überzeugendes „Warum" zu entwickeln, können Sie Ihr volles Potenzial entfalten und Ihre ehrgeizigsten Ziele erreichen.

SMART-Ziele: So sind Sie auf Erfolg eingestellt

In einer Welt, in der unsere Aufmerksamkeit ständig in eine Million verschiedene Richtungen gelenkt wird, ist es wichtiger denn je, klare, umsetzbare Ziele zu setzen. Es reicht nicht aus, eine vage Vorstellung davon zu haben, was Sie erreichen möchten; Sie brauchen einen Fahrplan, einen klaren Plan, der Sie durch die unvermeidlichen Ablenkungen und Hindernisse führt. Hier kommt die SMART-Zielstruktur ins Spiel. SMART ist ein Akronym für Spezifisch, Messbar, Erreichbar, Relevant und Zeitgebunden. Indem Sie diesen Rahmen in Ihren Zielsetzungsprozess integrieren, können Sie Ihre Träume in konkrete Aktivitäten umsetzen und so den Weg für gezieltes Wachstum und letztendlich Erfolg ebnen.

Lassen Sie uns jede Komponente des SMART-Frameworks aufschlüsseln.

- **Spezifisch** : Stellen Sie sicher, dass Ihre Ziele klar und deutlich definiert sind. Vermeiden Sie unpräzise Aussagen wie „Ich möchte gesünder sein" oder „Ich möchte erfolgreicher sein". Sagen Sie stattdessen deutlich, was Sie erreichen möchten. Anstatt auszudrücken „Ich möchte gesünder sein", könnten Sie sagen „Ich möchte in drei Monaten 10 Pfund abnehmen, indem ich dreimal pro Woche Sport mache und mich ausgewogen ernähre."
- **Messbar** : Sie können Ihren Fortschritt verfolgen und wissen, wann Sie Ihre Ziele

erreicht haben, wenn sie messbar sind. Anstatt zu sagen „Ich möchte mehr lesen", sagen Sie beispielsweise „Ich möchte ein Buch pro Monat lesen". Das Setzen quantifizierbarer Ziele bietet ein klares Ziel, auf das Sie hinarbeiten können, und ermöglicht es Ihnen, Ihren Fortschritt auf dem Weg dorthin leicht zu bewerten.

- **Erreichbar** : Ihre Ziele sollten praktisch und erreichbar sein. Es ist zwar von Vorteil, sich hohe Ziele zu setzen, aber das Setzen unrealistischer Ziele kann zu Enttäuschung und Verzweiflung führen. Setzen Sie sich stattdessen Ziele, die herausfordernd, aber dennoch erreichbar sind. Berücksichtigen Sie bei der Festlegung von Zielen Ihre Ressourcen, Talente und Zeitlimits.
- **Relevant** : Ihre Ziele sollten mit Ihren Werten und Prioritäten übereinstimmen. Fragen Sie sich, warum dieses Ziel für Sie wichtig ist und wie es Ihnen dabei helfen wird, Ihre allgemeine Lebensvision zu erreichen. Das Setzen sinnvoller Ziele stellt sicher, dass Sie Ihre Bemühungen auf die Dinge konzentrieren, die Ihnen wirklich wichtig sind.
- **Zeitgebunden** : Setzen Sie eine Frist für Ihre Ziele. Das vermittelt ein Gefühl der Dringlichkeit und hält Sie auf Kurs. Anstatt zu sagen: „Ich möchte eine neue Sprache lernen", sagen Sie doch einfach: „Ich möchte bis zum Ende des Jahres Spanisch sprechen können." Eine Frist zu setzen gibt Ihnen einen Zeitrahmen, innerhalb dessen Sie arbeiten können, und ermöglicht es

Ihnen, Ihr Ziel in kleinere, machbarere Schritte aufzuteilen.

Das SMART-Ziel-Framework ist mehr als nur eine Sammlung von Anweisungen; es ist ein effektives Werkzeug, um die Art und Weise zu ändern, wie Sie Ihre Ziele angehen. Mithilfe dieser Struktur können Sie Ihre Träume in umsetzbare Strategien umwandeln, Ihre Erfolgschancen steigern und das Risiko verringern, durch Ablenkungen vom Weg abzukommen.

Lassen Sie uns anhand eines Beispiels zeigen, wie das SMART-Modell genutzt werden kann. Angenommen, Ihr Ziel ist es, Ihre Fitness zu verbessern. Anstatt zu sagen „Ich möchte in Form kommen", wäre ein SMART-Ziel: „Ich möchte innerhalb von sechs Monaten einen 5-km-Lauf in weniger als 30 Minuten absolvieren, indem ich einem Trainingsplan folge und dreimal pro Woche laufe." Dieses Ziel ist explizit (einen 5-km-Lauf in weniger als 30 Minuten absolvieren), messbar (mit dem richtigen Training), relevant (auf den Wunsch abgestimmt, die Fitness zu verbessern) und zeitgebunden (innerhalb von sechs Monaten).

Das Setzen eines SMART-Ziels wie dieses gibt einen klaren Weg vor, dem Sie folgen können. Sie wissen, was Sie tun müssen (einem Trainingsplan folgen und dreimal pro Woche laufen), wie Sie Ihren Fortschritt verfolgen (Ihre Laufzeit verfolgen) und wann Sie Ihr Ziel erreichen müssen. Diese Klarheit und Konzentration kann äußerst inspirierend sein, insbesondere in einer Welt voller Ablenkungen.

Es ist wichtig, sich daran zu erinnern, dass SMART-Ziele nicht in Stein gemeißelt sind. Sie können bei Bedarf geändert und verfeinert werden. Das Leben ist unvorhersehbar und die Umstände können sich ändern. Wenn Sie feststellen, dass ein Ziel nicht mehr relevant oder erreichbar ist, haben Sie keine Angst, es zu ändern. Das Ziel besteht darin, flexibel und anpassungsfähig zu sein und dennoch eine klare Orientierung zu haben.

Neben der Definition intelligenter Ziele ist es wichtig, Ihren Fortschritt zu überwachen. Dies kann auf verschiedene Weise erreicht werden, beispielsweise durch Schreiben, die Verwendung von Zielverfolgungssoftware oder einfach durch regelmäßiges Überprüfen Ihrer selbst. Durch die Verfolgung Ihres Fortschritts können Sie Ihre Erfolge feiern, Verbesserungsbereiche entdecken und inspiriert bleiben, während Sie auf Ihre Ziele hinarbeiten.

Selbstreflektierende Fragen:

1. **Zielklarheit:** Sind meine aktuellen Ziele spezifisch und klar definiert oder sind sie vage und offen? Kann ich klar ausdrücken, was ich erreichen möchte, oder müssen meine Ziele noch verfeinert werden? (Dies ist eine gute Gelegenheit, Ihre aktuellen Ziele aufzuschreiben und ihre Klarheit zu beurteilen.)

2. **Messbare Meilensteine:** Wie messe ich meinen Fortschritt beim Erreichen meiner Ziele? Welche konkreten Maßstäbe oder Indikatoren

verwende ich, um meinen Erfolg zu verfolgen? (Legen Sie für jedes Ziel quantifizierbare Meilensteine fest, um den Fortschritt greifbar zu machen).

3. **Bewertung der Erreichbarkeit:** Sind meine Ziele angesichts meiner aktuellen Ressourcen, Fähigkeiten und zeitlichen Einschränkungen realistisch und erreichbar? Bin ich auf Erfolg oder Enttäuschung eingestellt? (Seien Sie ehrlich zu sich selbst, was die Erreichbarkeit Ihrer Ziele angeht, und passen Sie sie bei Bedarf an.)

4. **Relevanzprüfung:** Stimmen meine Ziele mit meinen Werten, Leidenschaften und meiner allgemeinen Vision für mein Leben überein? Tragen sie zu meinem persönlichen Wachstum und meiner Erfüllung bei oder werden sie von äußerem Druck oder Erwartungen bestimmt? (Denken Sie über das tiefere „Warum" hinter Ihren Zielen nach.)

5. **Zeitgebundene Verpflichtung:** Habe ich klare Fristen für meine Ziele festgelegt? Habe ich einen Zeitplan, um sicherzustellen, dass ich stetige Fortschritte mache und auf Kurs bleibe? (Erstellen Sie für jedes Ziel einen Zeitplan oder Aktionsplan mit spezifischen Meilensteinen und Fristen.)

Transformative Übungen:

1. **Zielvisualisierung:** Verbringen Sie jeden Tag ein paar Minuten damit, sich vorzustellen, wie Sie Ihre Ziele erreichen. Stellen Sie sich die Bilder, Geräusche, Gefühle und Emotionen vor, die mit dem Erreichen Ihrer gewünschten Ergebnisse verbunden sind. Diese Übung kann dazu beitragen, Ihre Motivation und Ihr Engagement zu stärken.

2. **Verfeinerung der SMART-Ziele:** Nehmen Sie Ihre bestehenden Ziele und verfeinern Sie sie anhand der SMART-Kriterien (Spezifisch, Messbar, Erreichbar, Relevant, Zeitgebunden). Formulieren Sie jedes Ziel in einem klaren, prägnanten und umsetzbaren Format neu.

3. **Vision Board erstellen:** Erstellen Sie ein Vision Board (physisch oder digital), um Ihre Ziele visuell darzustellen. Sammeln Sie Bilder, Zitate und Wörter, die Sie inspirieren und Ihre Bestrebungen widerspiegeln. Hängen Sie Ihr Vision Board an einer prominenten Stelle auf, wo Sie es regelmäßig sehen, um sich an Ihre Ziele zu erinnern.

4. **Rechenschaftspartner:** Teilen Sie Ihre Ziele mit einem vertrauenswürdigen Freund, Familienmitglied oder Mentor, der als Rechenschaftspartner fungieren kann. Regelmäßige Check-Ins mit Ihrem

Rechenschaftspartner können Ihnen helfen, motiviert und auf Kurs zu bleiben.

5. **Ritual zur Zielüberprüfung:** Nehmen Sie sich jede Woche oder jeden Monat Zeit, um Ihre Ziele zu überprüfen und Ihren Fortschritt zu bewerten. Feiern Sie Ihre Erfolge, identifizieren Sie Hindernisse oder Herausforderungen und passen Sie Ihren Plan nach Bedarf an. Dieser regelmäßige Überprüfungsprozess hilft Ihnen, konzentriert und anpassungsfähig zu bleiben.

Kapitel fünf: Zielgerichtete Priorisierung

Die Eisenhower-Matrix: Dringend vs. Wichtig

Die Eisenhower-Matrix, eine einfache, aber effektive Technik, die Präsident Dwight D. Eisenhower zugeschrieben wird, bietet einen Rahmen, um das wirklich Wichtige vom bloß Dringlichen zu unterscheiden, sodass wir bewusste Entscheidungen darüber treffen können, wie wir unsere Zeit und Energie verbringen. Wenn wir die Ideen dieser Matrix verstehen und befolgen, können wir den Lärm durchdringen, uns auf das konzentrieren, was wirklich wichtig ist, und erhebliche Fortschritte bei der Erreichung unserer Ziele erzielen.

Die Eisenhower-Matrix ist ein Raster von zwei mal zwei, das Aufgaben nach ihrer Dringlichkeit und

Wichtigkeit zuordnet. Die vertikale Achse gibt die Wichtigkeit an, wobei „Wichtig" oben und „Nicht wichtig" unten steht. Die horizontale Achse gibt die Dringlichkeit an, wobei „Dringend" links und „Nicht dringend" rechts steht. Daraus ergeben sich vier separate Quadranten, von denen jeder seine eigenen Konsequenzen für die Art und Weise hat, wie wir die Aufgaben in ihnen angehen sollten.

Im ersten Quadranten, „Dringend und wichtig", gibt es Krisen und drängende Termine. Dies sind die Aufgaben, die unsere sofortige Aufmerksamkeit erfordern und die nicht ohne Konsequenzen übersehen werden können. Beispiele hierfür sind die Reaktion auf eine dringende Kundenanfrage, die Einhaltung einer wichtigen Frist oder die Bewältigung eines familiären Notfalls. Obwohl diese Aufgaben eindeutig lebenswichtig sind, ist es wichtig zu beachten, dass das Aufwenden zu viel Zeit in diesem Bereich zu einem reaktiven und stressigen Lebensstil führen kann. Das Ziel besteht darin, die Anzahl der Aufgaben in diesem Quadranten zu reduzieren, indem wichtige Aufgaben priorisiert werden, bevor sie dringend werden.

Der zweite Quadrant, „Wichtig, aber nicht dringend", steht für Wachstums-, Entwicklungs- und langfristige Erfolgsaussichten. Dies sind die Aufgaben, die uns helfen, unsere Ziele und Werte zu erreichen, für die aber keine dringende Frist gilt. Beispiele hierfür sind Zukunftsplanung, der Erwerb einer neuen Fähigkeit, Sport und die Pflege von

Beziehungen. In diesem Quadranten haben wir möglicherweise den größten Einfluss auf unser Leben, er wird jedoch angesichts dringender Bedürfnisse auch am leichtesten übersehen. Wenn wir Aufgaben in diesem Quadranten priorisieren, können wir in unsere Zukunft investieren und ein zufriedenstellenderes und ausgeglicheneres Leben führen.

Im dritten Quadranten, Dringend, aber nicht wichtig, treten häufig Ablenkungen und Unterbrechungen auf. Dies sind die Aufgaben, die unsere Aufmerksamkeit erfordern, aber unsere Ziele oder Werte nicht fördern. Beispiele hierfür sind das Beantworten irrelevanter E-Mails, die Teilnahme an ineffektiven Meetings und das Scrollen durch soziale Medien. Obwohl diese Aufgaben im Moment dringend erscheinen mögen, können sie zu einem Kreislauf von unnötiger Arbeit führen, der unsere Aufmerksamkeit von unseren eigentlichen Zielen ablenkt. Indem wir lernen, diese Ablenkungen zu erkennen und zu vermeiden, können wir Zeit und Energie für sinnvollere Aktivitäten freisetzen.

Der vierte Quadrant, Nicht dringend und Nicht wichtig, enthält zeitraubende und belanglose Aufgaben. Dies sind die Aufgaben, die nicht zu unseren Zielen beitragen oder unsere unmittelbare Aufmerksamkeit erfordern. Beispiele hierfür sind Fernsehen, Videospiele spielen und Tratschen.

Während diese Aktivitäten in Maßen Spaß machen können, kann es sein, dass Sie sich leer und unerfüllt fühlen, wenn Sie zu viel Zeit in diesem Bereich verbringen. Indem wir unsere Zeit in diesem Bereich reduzieren, können wir Platz für bedeutungsvollere und erfüllendere Erfahrungen schaffen.

Die Eisenhower-Matrix ist mehr als nur ein theoretischer Rahmen; sie ist ein nützliches Werkzeug für unser tägliches Leben. Indem wir unsere Arbeit in diese vier Quadranten aufteilen, können wir bessere Entscheidungen darüber treffen, wie wir unsere Zeit und unsere Anstrengungen einsetzen. Wir können wichtige Aufgaben priorisieren, unwichtige delegieren oder entfernen und unser Berufs- und Privatleben fokussierter und gezielter angehen.

Um die Eisenhower-Matrix effizient zu nutzen, erstellen Sie zunächst eine Liste aller Aufgaben, die erledigt werden müssen. Bewerten Sie dann die Dringlichkeit und Relevanz jeder Aufgabe und ordnen Sie sie dem entsprechenden Quadranten zu. Sobald Sie Ihre Aufgaben kategorisiert haben, können Sie mit der Priorisierung beginnen, beginnend mit dem Quadranten „Dringend und wichtig" und weiter zum Quadranten „Wichtig, aber nicht dringend". Aufgaben im Quadranten „Dringend, aber nicht wichtig" können häufig zugewiesen oder gelöscht werden, während Aufgaben im Quadranten „Nicht dringend" und

„Nicht wichtig" reduziert oder ganz vermieden werden sollten.

Das Pareto-Prinzip: Die 80/20-Regel der Produktivität

Ein Prinzip, das uns dabei helfen könnte, den Lärm zu durchbrechen und uns auf die wichtigsten Aufgaben zu konzentrieren? Was wäre, wenn wir mehr erreichen könnten, während wir weniger tun? Hier kommt das Pareto-Prinzip ins Spiel, ein starkes Konzept, das das Potenzial hat, unsere Herangehensweise an Produktivität und Zielerreichung in der heutigen ablenkenden Umgebung zu verändern.

Das Pareto-Prinzip, allgemein bekannt als 80/20-Regel, geht davon aus, dass etwa 80 % der Ergebnisse auf 20 % der Ursachen zurückzuführen sind. Diese Idee, die der italienische Ökonom Vilfredo Pareto im späten 19. Jahrhundert entdeckte, wurde später in zahlreichen Bereichen angewandt, darunter Wirtschaft und Ökonomie, persönliche Produktivität und Zeitmanagement. Im Wesentlichen besagt das Pareto-Prinzip, dass eine kleine Anzahl von Inputs oder Aktionen einen unverhältnismäßig großen Anteil der Ergebnisse ausmacht.

Wenn es um Produktivität geht, besagt das Pareto-Prinzip, dass 80 % unserer Ergebnisse auf 20 % unserer Arbeit zurückzuführen sind. Dies bedeutet, dass eine kleine Anzahl von Aufgaben den Großteil unserer Erfolge ausmacht, während die restlichen 80 % nur geringfügig zu unserem Gesamterfolg beitragen. Wenn wir diese wirkungsvollen Aufgaben identifizieren und uns auf sie konzentrieren, können wir mit weniger Aufwand mehr erreichen und so Zeit und Energie für andere wichtige Aspekte unseres Lebens freisetzen.

Wie können wir also feststellen, welche 20 % der Aufgaben 80 % der Ergebnisse liefern? Der erste Schritt besteht darin, Ihre Zeit und Aktivitäten ein oder zwei Wochen lang aufzuzeichnen. Dadurch erhalten Sie einen klaren Überblick darüber, wie Sie Ihre Zeit derzeit einteilen und welche Aufgaben den Großteil Ihres Tages in Anspruch nehmen. Sobald Sie diese Informationen haben, können Sie mit der Analyse beginnen und Trends erkennen.

Suchen Sie nach Projekten, die regelmäßig große Ergebnisse liefern oder Ihnen helfen, Ihren Zielen näher zu kommen. Dies sind wahrscheinlich die Aufgaben mit großer Wirkung, die Sie priorisieren sollten. Denken Sie an die Aufgaben, die Ihnen Spaß machen oder die Ihren Fähigkeiten und Interessen entsprechen. Diese Aufgaben sind wahrscheinlich lohnender und anregender, was zu höherer Produktivität und Freude führt.

Sobald Sie Ihre wichtigsten Aufgaben ermittelt haben, beginnen Sie, sie zu priorisieren. Dies bedeutet, dass Sie in Ihrem Zeitplan Zeit für diese Aufgaben reservieren und diese frei von Ablenkungen halten. Es bedeutet auch, dass Sie bereit sind, „Nein" zu weniger wichtigen Aufgaben oder Verpflichtungen zu sagen, die möglicherweise auf andere übertragen werden.

Die Anwendung des Pareto-Prinzips im Alltag kann zu einer deutlichen Steigerung der Produktivität, Konzentration und des allgemeinen Wohlbefindens führen. Wenn Sie sich auf die wirklich wichtigen Aktivitäten konzentrieren, können Sie mit weniger Aufwand mehr erreichen und haben so Zeit und Energie für andere wichtige Aspekte Ihres Lebens. Sie können auch Stress und Überforderung reduzieren, indem Sie nicht versuchen, alles zu tun.

Das Pareto-Prinzip kann verwendet werden, um Aufgaben und andere Aspekte Ihres Lebens zu priorisieren. Konzentrieren Sie sich in Ihren Beziehungen auf die wenigen Menschen, die Ihnen die meiste Freude und Zufriedenheit bringen. Sie können es auch verwenden, um Ihre Finanzen zu verwalten, indem Sie sich auf die wenigen Investitionen konzentrieren, die die höchsten Renditen erzielen.

Das Pareto-Prinzip ist ein nützliches Werkzeug, um den Lärm zu durchdringen und sich auf das Wesentliche zu konzentrieren. Indem Sie Ihre wichtigsten Aufgaben identifizieren und priorisieren, können Sie mit weniger Aufwand mehr erreichen, Stress minimieren und ein erfüllteres Leben führen.

Selbstreflektierende Fragen:

1. **Zielklarheit:** Sind meine aktuellen Ziele spezifisch und klar definiert oder sind sie vage und offen? Kann ich klar ausdrücken, was ich erreichen möchte, oder müssen meine Ziele noch verfeinert werden? (Dies ist eine gute Gelegenheit, Ihre aktuellen Ziele aufzuschreiben und ihre Klarheit zu beurteilen.)
2. **Messbare Meilensteine:** Wie messe ich meinen Fortschritt beim Erreichen meiner Ziele? Welche konkreten Maßstäbe oder Indikatoren verwende ich, um meinen Erfolg zu verfolgen? (Legen Sie für jedes Ziel quantifizierbare Meilensteine fest, um den Fortschritt greifbar zu machen).
3. **Bewertung der Erreichbarkeit:** Sind meine Ziele angesichts meiner aktuellen Ressourcen, Fähigkeiten und zeitlichen Einschränkungen realistisch und erreichbar? Bin ich auf Erfolg oder Enttäuschung eingestellt? (Seien Sie ehrlich zu sich selbst, was die Erreichbarkeit Ihrer Ziele angeht, und passen Sie sie bei Bedarf an.)
4. **Relevanzprüfung:** Stimmen meine Ziele mit meinen Werten, Leidenschaften und meiner allgemeinen Vision für mein Leben überein? Tragen sie zu meinem persönlichen

Wachstum und meiner Erfüllung bei oder werden sie von äußerem Druck oder Erwartungen bestimmt? (Denken Sie über das tiefere „Warum" hinter Ihren Zielen nach.)
5. **Zeitgebundene Verpflichtung:** Habe ich klare Fristen für meine Ziele festgelegt? Habe ich einen Zeitplan, um sicherzustellen, dass ich stetige Fortschritte mache und auf Kurs bleibe? (Erstellen Sie für jedes Ziel einen Zeitplan oder Aktionsplan mit spezifischen Meilensteinen und Fristen.)

Transformative Übungen:

1. **Zielvisualisierung:** Verbringen Sie jeden Tag ein paar Minuten damit, sich vorzustellen, wie Sie Ihre Ziele erreichen. Stellen Sie sich die Bilder, Geräusche, Gefühle und Emotionen vor, die mit dem Erreichen Ihrer gewünschten Ergebnisse verbunden sind. Diese Übung kann dazu beitragen, Ihre Motivation und Ihr Engagement zu stärken.
2. **Verfeinerung der SMART-Ziele:** Nehmen Sie Ihre bestehenden Ziele und verfeinern Sie sie anhand der SMART-Kriterien (Spezifisch, Messbar, Erreichbar, Relevant, Zeitgebunden). Formulieren Sie jedes Ziel in einem klaren, prägnanten und umsetzbaren Format neu.
3. **Vision Board erstellen:** Erstellen Sie ein Vision Board (physisch oder digital), um Ihre

Ziele visuell darzustellen. Sammeln Sie Bilder, Zitate und Wörter, die Sie inspirieren und Ihre Bestrebungen widerspiegeln. Hängen Sie Ihr Vision Board an einer prominenten Stelle auf, wo Sie es regelmäßig sehen, um sich an Ihre Ziele zu erinnern.

4. **Rechenschaftspartner:** Teilen Sie Ihre Ziele mit einem vertrauenswürdigen Freund, Familienmitglied oder Mentor, der als Rechenschaftspartner fungieren kann. Regelmäßige Check-Ins mit Ihrem Rechenschaftspartner können Ihnen helfen, motiviert und auf Kurs zu bleiben.

5. **Ritual zur Zielüberprüfung:** Nehmen Sie sich jede Woche oder jeden Monat Zeit, um Ihre Ziele zu überprüfen und Ihren Fortschritt zu bewerten. Feiern Sie Ihre Erfolge, identifizieren Sie Hindernisse oder Herausforderungen und passen Sie Ihren Plan nach Bedarf an. Dieser regelmäßige Überprüfungsprozess hilft Ihnen, konzentriert und anpassungsfähig zu bleiben.

Kapitel Sechs:

Zeitmanagementtechniken:

Die Pomodoro-Technik: Mit der Zeit arbeiten, nicht gegen sie

Im Kampf um Aufmerksamkeit und Produktivität hat sich eine einfache, aber wirkungsvolle Strategie als Hoffnungsschimmer für Menschen herauskristallisiert, denen es in der heutigen Welt voller Ablenkungen schwerfällt, auf Kurs zu bleiben. Die Pomodoro-Technik, benannt nach dem tomatenförmigen Küchenwecker ihres Entwicklers Francesco Cirillo, ist ein organisierter Ansatz zum Zeitmanagement, der das Potenzial hat, unsere Arbeits- und Lernweise zu revolutionieren.

Im Grunde ist die Pomodoro-Technik elegant einfach. Sie besteht darin, Ihre Arbeit in 25-Minuten-Intervalle, sogenannte „Pomodoros", aufzuteilen, gefolgt von kurzen 5-Minuten-Pausen. Nach vier Pomodoros machen Sie eine 20- bis 30-minütige Pause. Dieser Zyklus konzentrierter Arbeit, gefolgt von kurzen Pausen, etabliert eine Routine, die hilft, Energie zu sparen und einem Burnout vorzubeugen.

Das Schöne an der Pomodoro-Technik ist, dass sie die Kraft konzentrierter Aufmerksamkeit nutzt. Während jedes Pomodoro nehmen Sie sich vor, eine einzige Aktivität ohne Unterbrechungen zu erledigen. Das bedeutet, keine E-Mails lesen, nicht in sozialen Medien surfen und nicht ans Telefon gehen – konzentrieren Sie sich einfach voll und ganz auf die anstehende Aufgabe. Diese konzentrierte Anstrengung ermöglicht es Ihnen, einen Zustand des Flows zu erreichen, in dem Sie sich voll und ganz auf Ihre Arbeit konzentrieren und hervorragende Fortschritte erzielen können.

Die kurzen Pausen, die nach jedem Pomodoro erfolgen, sind ebenso wichtig. Sie bieten die Möglichkeit, sich sowohl emotional als auch körperlich auszuruhen und zu erfrischen. Eine Pause von der Arbeit, und sei es nur für ein paar Minuten, kann Ihnen helfen, den Kopf freizubekommen, die Augen zu schonen und geistige Ermüdung zu vermeiden. Dies kann zu gesteigerter Kreativität, besseren Problemlösungsfähigkeiten und einem höheren Wohlbefinden führen.

Einer der größten Vorteile der Pomodoro-Technik ist die Möglichkeit, riesige, furchteinflößende Aufgaben in kleinere, überschaubarere Teile aufzuteilen. Dadurch können selbst die komplexesten Aufgaben weniger entmutigend und überschaubarer erscheinen. Wenn Sie sich jeweils auf ein 25-Minuten-Intervall konzentrieren, können Sie stetige Fortschritte erzielen, ohne sich überfordert zu fühlen.

Die Strategie ermutigt Sie auch, Ihre Arbeit zielgerichteter anzugehen. Vor jedem Pomodoro legen Sie fest, auf welche Aufgabe Sie sich konzentrieren werden, und schätzen, wie viele Pomodoros Sie benötigen, um sie zu erledigen. So können Sie Ihre Aufgaben priorisieren und Ihre Zeit besser verwalten. Darüber hinaus können Sie durch das Messen Ihrer Pomodoros wertvolle Einblicke in Ihre Arbeitsabläufe gewinnen und Bereiche identifizieren, in denen Sie Ihre Effizienz verbessern können.

Während der traditionelle Zyklus aus 25-minütiger Arbeit und 5-minütiger Pause für viele Menschen effektiv ist, ist die Pomodoro-Technik sehr anpassungsfähig. Sie können die Länge Ihrer Pomodoros und Pausen Ihren eigenen Bedürfnissen und Ihrem Arbeitsstil entsprechend anpassen. Manche Menschen finden, dass längere Pomodoros (z. B. 50 Minuten) bei Arbeiten, die intensive Konzentration erfordern, erfolgreicher sind, während andere kürzere Pomodoros (z. B. 10

Minuten) für repetitivere oder weniger anstrengende Arbeiten bevorzugen.

Der Trick besteht darin, zu experimentieren und einen Rhythmus zu finden, der zu Ihnen passt. Wenn Sie es schwierig finden, sich 25 Minuten lang zu konzentrieren, sollten Sie Ihre Pomodoros auf 15 oder 20 Minuten verkürzen. Wenn Sie merken, dass Sie während Ihrer Pausen unruhig werden, sollten Sie eine längere Pause einlegen oder sich einer neuen Aktivität widmen, beispielsweise spazieren gehen oder Musik hören.

Die Pomodoro-Technik ist mehr als nur eine Zeitmanagement-Technik; sie ist eine geistige Revolution. Sie hilft Ihnen, mit Ihrer Zeit und Aufmerksamkeit sorgfältiger umzugehen, gezielter zu arbeiten und bei Bedarf Pausen einzulegen. Die Umsetzung dieser Strategie kann Ihnen helfen, Ihre Aufmerksamkeit zurückzugewinnen, Ihre Produktivität zu steigern und Ihre Ziele in einer abgelenkten Umgebung zu erreichen.

Die Pomodoro-Technik kann Ihnen dabei helfen, im Alltag produktiver zu sein, egal ob Sie Student sind und für Prüfungen lernen, Berufstätiger sind und Termine einhalten müssen oder einfach jemand, der effizienter sein möchte. Es ist eine einfache, aber wirkungsvolle Technik, um Ablenkungen zu vermeiden, die Aufmerksamkeit zu steigern und Ihr maximales Potenzial zu erreichen.

Zeitblockierung: Planen Sie Ihren Tag für maximale Konzentration

Beim Zeitblockieren wird Ihr Tag in einzelne Zeitblöcke unterteilt, die jeweils einer bestimmten Aufgabe oder einer Reihe von Aufgaben zugewiesen sind. Anstatt einfach eine To-Do-Liste zu erstellen und zu hoffen, jeden Punkt in der Zeit, die es erlaubt, abzuarbeiten, wird beim Zeitblockieren jeder Aufgabe ein festes Zeitfenster zugewiesen, wodurch im Wesentlichen ein Zeitplan für den Tag erstellt wird.

Dieser systematische Ansatz zum Zeitmanagement bietet zahlreiche wichtige Vorteile. In erster Linie hilft er, Kontextwechsel zu reduzieren, also die geistige Anstrengung, die erforderlich ist, um unsere Aufmerksamkeit von einer Aufgabe auf eine andere zu lenken. Wenn wir im Laufe des Tages zwischen Tätigkeiten wechseln, orientiert sich unser Gehirn ständig neu, was zu geistiger Ermüdung und geringerer Produktivität führen kann. Indem wir jeder Aktivität unterschiedliche Zeitblöcke zuweisen, können wir den Kontextwechsel einschränken und uns intensiver auf die anstehende Arbeit konzentrieren.

Zweitens hilft uns die Zeitbeschränkung, unsere wichtigsten Aufgaben zu priorisieren. Indem wir unseren Aufgaben mit hoher Priorität bestimmte

Zeitfenster zuweisen, stellen wir sicher, dass sie die erforderliche Aufmerksamkeit erhalten. Dies verhindert, dass wir uns in unwichtigen Aufgaben verzetteln oder der Tyrannei des Dringlichen erliegen.

Drittens kann uns die Zeitblockierung helfen, ein Gefühl von Organisation und Kontrolle in unser Leben zu bringen. Wenn wir eine feste Routine für den Tag haben, fühlen wir uns weniger überfordert oder besorgt. Wenn wir wissen, was wir wann tun müssen, kann uns das helfen, ruhig und konzentriert zu bleiben.

Wie also nutzen Sie Zeitblöcke in Ihrem eigenen Leben? Der erste Schritt besteht darin, Ihre wichtigsten Aufgaben zu bestimmen. Diese Aufgaben wirken sich am meisten auf Ihre Ziele und Prioritäten aus. Sobald Sie diese Aufgaben ausgewählt haben, können Sie beginnen, in Ihrem Kalender genaue Zeitblöcke dafür einzuplanen.

Die Länge jedes Zeitblocks variiert je nach Art der Aufgabe. Für Dinge, die intensive Konzentration erfordern, wie Schreiben oder kompliziertes Problemlösen, sollten Sie längere Zeiträume einplanen, beispielsweise 90 Minuten oder zwei Stunden. Für weniger anstrengende Aufgaben, wie das Lesen von E-Mails oder das Beantworten von Telefonanrufen, sollten Sie kürzere Zeitblöcke einplanen, beispielsweise 30 Minuten oder eine Stunde.

Planen Sie Ihre Zeitblöcke realistisch ein, was die Dauer der einzelnen Aufgaben angeht. Es ist auch sinnvoll, zwischen den Aufgaben etwas Pufferzeit einzuplanen, um unerwartete Unterbrechungen oder Verzögerungen zu berücksichtigen.

Sobald Sie Ihre Zeitblöcke festgelegt haben, ist es wichtig, diese so weit wie möglich einzuhalten. Dies bedeutet, dass Sie während Ihrer konzentrierten Arbeitszeit Ablenkungen und Unterbrechungen vermeiden. Möglicherweise möchten Sie Benachrichtigungen auf Ihrem Telefon und Computer deaktivieren, Ihren E-Mail-Posteingang schließen und einen ruhigen Ort zum Arbeiten finden.

Natürlich kann es vorkommen, dass unvorhergesehene Ereignisse eintreten, die Sie dazu zwingen, Ihren Zeitplan zu ändern. Wenn Sie jedoch einen klaren Plan haben, sind Sie besser auf diese Störungen vorbereitet und kommen schneller wieder auf Kurs.

Zeitbegrenzung ist keine Universallösung. Der beste Ansatz für diese Strategie besteht darin, zu experimentieren und herauszufinden, was für Sie am besten funktioniert. Manche Menschen ziehen es vor, einen umfassenden Zeitplan für den gesamten Tag zu erstellen, andere hingegen nehmen sich lieber Zeit für ihre wichtigsten Aufgaben und lassen sich den Rest des Tages frei.

Das Ziel besteht darin, ein System zu etablieren, das für Sie funktioniert und konsequent befolgt werden kann. Mit etwas Übung kann die Zeitblockierung zu einer effektiven Technik werden, um die Produktivität zu steigern, Stress abzubauen und Ihre Ziele in einer abgelenkten Welt zu erreichen.

Selbstreflektierende Fragen:

1. **Zeitbewusstsein:** Wie genau ist meine Zeitwahrnehmung? Neige ich dazu, die Dauer von Aufgaben zu überschätzen oder zu unterschätzen? (Zählen Sie zum Beispiel einen Tag lang Ihre Zeit, um Ihre Schätzungen mit der Realität zu vergleichen.)
2. **Aktuelle Techniken:** Welche Zeitmanagementtechniken verwende ich derzeit, falls überhaupt? Helfen sie mir, konzentriert und produktiv zu bleiben? (Denken Sie über Ihre aktuellen Strategien und deren Auswirkungen auf Ihr Zeitmanagement nach.)
3. **Spitzenleistung:** Wann fühle ich mich tagsüber am energiegeladensten und konzentriertesten? Wie kann ich meine wichtigsten Aufgaben während dieser Spitzenleistungszeiten planen? (Identifizieren Sie Ihre Spitzenzeiten und richten Sie Ihren Zeitplan entsprechend aus.)
4. **Aufschiebemuster:** Was sind meine typischen Aufschiebeauslöser? Welche

Ausreden erzähle ich mir, um Aufgaben nicht beginnen oder abschließen zu müssen? (Werden Sie sich Ihrer Aufschiebemuster bewusst und entwickeln Sie Strategien, um sie zu überwinden.)
5. **Flexibilität vs. Starrheit:** Bin ich bei meiner Zeitplanung zu starr oder lasse ich Flexibilität und Anpassungsfähigkeit zu? Wie kann ich bei meinem Zeitmanagementansatz ein Gleichgewicht zwischen Struktur und Spontaneität herstellen? (Denken Sie darüber nach, ob Sie sowohl Struktur als auch Flexibilität benötigen, um ein nachhaltiges Zeitmanagementsystem zu schaffen).

Transformative Übungen:

1. **Pomodoro-Übung:** Nehmen Sie sich vor, die Pomodoro-Technik eine Woche lang anzuwenden. Stellen Sie einen Timer auf 25 Minuten, konzentrieren Sie sich ohne Ablenkung auf eine einzelne Aufgabe und machen Sie eine 5-minütige Pause. Wiederholen Sie diesen Zyklus viermal und machen Sie dann eine längere Pause von 20 bis 30 Minuten. Beobachten Sie, wie sich dieser strukturierte Ansatz auf Ihre Konzentration und Produktivität auswirkt.
2. **Timeboxing-Experiment:** Versuchen Sie, Ihre Aufgaben für einen Tag in Timeboxing einzuteilen. Weisen Sie jeder Aufgabe auf Ihrer To-Do-Liste bestimmte Zeitfenster zu

und verpflichten Sie sich, nur während der dafür vorgesehenen Zeit an dieser Aufgabe zu arbeiten. Beachten Sie, wie Ihnen dies dabei hilft, Prioritäten zu setzen und zu vermeiden, dass Sie sich zu sehr auf eine einzelne Aktivität konzentrieren.
3. **Energiemanagement:** Anstatt sich nur auf das Zeitmanagement zu konzentrieren, sollten Sie im Tagesverlauf auf Ihr Energieniveau achten. Planen Sie anspruchsvolle Aufgaben, wenn Sie am aufmerksamsten und energiegeladensten sind, und planen Sie weniger geistig anstrengende Aufgaben für Zeiten ein, in denen Ihre Energie nachlässt.
4. **Herausforderung Zeiterfassung:** Erfassen Sie Ihre Zeit ein paar Tage lang, um Einblicke zu erhalten, wie Sie Ihre Stunden verbringen. Dies kann mithilfe einer Zeiterfassungs-App oder einfach durch Aufschreiben Ihrer Aktivitäten erfolgen. Sobald Sie ein klares Bild Ihrer Zeitnutzung haben, identifizieren Sie Bereiche, in denen Sie Anpassungen vornehmen können, um Ihre Produktivität zu optimieren.
5. **Aufschieberitis-Killer:** Wählen Sie eine Aufgabe, die Sie schon lange vor sich herschieben, und unterteilen Sie sie in kleinere, überschaubarere Schritte. Nehmen Sie sich vor, den ersten Schritt noch heute abzuschließen, und setzen Sie für jeden weiteren Schritt eine Frist. Dies kann Ihnen

helfen, die Trägheit zu überwinden und Schwung zu gewinnen.

Kapitel Sieben: Gestaltung Ihres Arbeitsbereichs

Entrümpeln: Einen ruhigen und organisierten Raum schaffen

In unserem ständigen Streben nach Produktivität und Konzentration ignorieren wir häufig den enormen Einfluss unserer Umgebung auf unsere Konzentrationsfähigkeit und das Erreichen unserer Ziele. Die Umgebung, in der wir leben, sowohl physisch als auch digital, kann uns entweder dabei helfen, uns zu konzentrieren, oder zu einem Nährboden für Ablenkungen werden. Ein unordentlicher Schreibtisch, ein überquellender E-Mail-Posteingang oder ein chaotischer digitaler Arbeitsplatz können unsere Bemühungen subtil untergraben, indem sie unsere Aufmerksamkeit auf verschiedene Dinge lenken und uns überfordert und abgelenkt fühlen lassen. Aber was wäre, wenn es eine Möglichkeit gäbe, inmitten des Chaos eine Oase der Ruhe und Klarheit zu schaffen? Was wäre, wenn wir unsere Umgebung sowohl buchstäblich als auch digital entrümpeln könnten, um eine Umgebung zu schaffen, die Konzentration, Kreativität und Entspannung fördert?

Entrümpeln ist die Praxis des Loslassens. Dabei geht es darum, konkrete und immaterielle Gegenstände aus unserem Leben zu entdecken und zu entfernen, die für uns nicht mehr nützlich sind. Dieser Ansatz kann sowohl befreiend als auch stärkend sein, da er physischen und mentalen Raum für das schafft, was wirklich wichtig ist.

Beginnen wir mit unseren physischen Räumen. Unsere Häuser, Geschäfte und Arbeitsplätze sollten Orte der Ruhe sein, nicht der Anspannung und Ablenkung. Ein überfüllter Schreibtisch, der mit Papieren, Krimskrams und anderem zufälligen Kram vollgestopft ist, kann eine visuelle Unordnung erzeugen, die es schwierig macht, sich zu konzentrieren. Ebenso kann ein chaotisches Zuhause mit Stapeln von Kleidung, Büchern und anderen Gegenständen dazu führen, dass wir uns überfordert fühlen und es schwerfällt, zu entspannen.

Um Ihren physischen Bereich zu vereinfachen, beginnen Sie damit, zu bewerten, welche Gegenstände Sie häufig verwenden und welche nicht. Seien Sie ehrlich zu sich selbst, was Sie brauchen und loslassen können. Stellen Sie sich Fragen wie: „Verwende ich diesen Gegenstand häufig?" „Bringt er mir Freude oder bereichert er mein Leben?" „Könnte jemand anderes mehr von diesem Gegenstand profitieren als ich?"

Nachdem Sie die Dinge ausgewählt haben, die Sie loswerden möchten, können Sie loslegen. Spenden oder verkaufen Sie Dinge, die in einem guten Zustand sind, recyceln oder entsorgen Sie Dinge, die nicht mehr nützlich sind, und legen Sie einen Platz für alles fest, was Sie behalten möchten. Die Idee besteht darin, einen Raum zu gestalten, der sowohl nützlich als auch ästhetisch ansprechend ist und Ihnen erlaubt, tief durchzuatmen und sich auf Ihre Arbeit oder andere Interessen zu konzentrieren.

Das Aufräumen Ihres digitalen Raums ist ebenso wichtig wie das Aufräumen Ihres physischen Raums. Im heutigen digitalen Zeitalter sind unsere Computer, Mobiltelefone und andere Geräte zu Speicherzentren für riesige Datenmengen geworden. E-Mails, Dokumente, Bilder, Filme und andere digitale Elemente können sich schnell anhäufen und eine virtuelle Einöde bilden, die genauso ärgerlich ist wie ein überfüllter Arbeitsplatz.

Um Ordnung in Ihrer digitalen Umgebung zu schaffen, organisieren Sie zunächst Ihre Dateien und Ordner. Erstellen Sie eine klare und logische Methode zum Speichern Ihrer Dokumente, damit Sie schnell finden, wonach Sie suchen. Löschen oder archivieren Sie unnötige E-Mails, melden Sie sich von Newslettern und Mailinglisten ab und organisieren Sie Ihre Fotos und Videos in Alben oder Ordnern.

Machen Sie sich außerdem bewusst, welche Apps und Programme Sie auf Ihren Geräten verwenden. Brauchen Sie wirklich all diese Social-Media-, Nachrichten- und Spiele-Apps? Wenn nicht, sollten Sie sie entfernen oder deaktivieren, um Ablenkungen zu reduzieren und sich wieder konzentrieren zu können.

Ein minimalistisches Zuhause zu schaffen bedeutet nicht, dass Sie alles loswerden, was Sie besitzen, oder einen asketischen Lebensstil annehmen. Entscheidend ist, dass Sie bewusst mit dem umgehen, was Sie erwerben, und dass es eine Bedeutung hat. Es geht darum, eine Umgebung zu schaffen, in der Sie atmen, nachdenken und kreativ sein können, ohne abgelenkt zu werden.

Indem Sie Ihre physische und digitale Umgebung entrümpeln, können Sie eine Oase der Ruhe und Klarheit schaffen, die Ihnen hilft, sich zu konzentrieren und produktiver zu sein. Eine saubere und gut organisierte Umgebung kann Ihnen helfen, sich zu entspannen, sich besser zu konzentrieren und kreativer zu sein. Sie kann auch ein Gefühl der Ruhe und Entspannung vermitteln, sodass Sie sich erfrischen und regenerieren können.

Ergonomie: Optimierung Ihrer physischen Umgebung

Die Art, wie wir sitzen, die Beleuchtung, die Höhe unserer Schreibtische und sogar die Temperatur in unserem Büro können einen großen Einfluss auf unseren Komfort und letztlich auf unsere kognitive Leistungsfähigkeit haben. In einer Welt voller Ablenkungen geht es bei der Gestaltung eines ergonomischen Arbeitsplatzes um mehr als nur Komfort; es ist eine bewusste Investition in unsere Konzentrationsfähigkeit und die Erreichung unserer Ziele.

Ergonomie, die Lehre von der Gestaltung von Arbeitsplätzen, die dem menschlichen Körper gerecht werden, wird häufig als Spezialgebiet für Menschen mit körperlichen Vorerkrankungen abgetan. Dabei sind die Konzepte dieser Disziplin für jeden nützlich, der seine Leistungsfähigkeit und sein Wohlbefinden verbessern möchte. Indem wir unsere Arbeitsplätze so gestalten, dass sie unseren physiologischen Bedürfnissen entsprechen, können wir körperliche Belastungen reduzieren, Beschwerden und Verletzungen vermeiden und anhaltende Konzentration und Produktivität fördern.

Beginnen wir mit dem Schreibtisch, der die Grundlage jedes Arbeitsplatzes bildet. Die Höhe Ihres Schreibtischs hat einen erheblichen Einfluss auf Ihre Haltung und Ihren Komfort im Laufe des Tages. Ein zu hoher oder zu niedriger Arbeitsplatz kann zu gebeugten Schultern, verspanntem Nacken und Rückenschmerzen führen. Idealerweise sollte Ihr Schreibtisch auf einer Höhe eingestellt sein, die es Ihnen ermöglicht, Ihre Unterarme bequem auf der Oberfläche zu ruhen und Ihre Ellbogen in einem 90-Grad-Winkel anzuwinkeln. Diese neutrale Haltung reduziert die Spannung Ihrer Muskeln und Gelenke und ermöglicht Ihnen, länger ohne Beschwerden zu arbeiten.

Ihr Stuhl ist ein weiterer wichtiger Aspekt eines ergonomischen Arbeitsplatzes. Ein guter Stuhl sollte den Rücken ausreichend stützen, eine gute Haltung fördern und es Ihnen ermöglichen, Sitzhöhe und Rückenlehnenwinkel Ihren Bedürfnissen entsprechend anzupassen. Suchen Sie nach einem Stuhl mit Lendenwirbelstütze, um die natürliche Krümmung Ihrer Wirbelsäule beizubehalten, und verstellbaren Armlehnen, um Ihre Schultern zu entlasten.

Die Beleuchtung wird häufig unterschätzt, obwohl sie eine entscheidende Rolle für unsere Konzentrationsfähigkeit und die Minimierung der Augenbelastung spielt. Helles Neonlicht kann ermüdend sein und Kopfschmerzen verursachen, während schwaches Licht das Sehen erschweren und die Augen belasten kann. Idealerweise sollte Ihr Büro eine Mischung aus natürlichem und künstlichem Licht enthalten. Wenn möglich, stellen Sie Ihren Schreibtisch in die Nähe eines Fensters, um vom natürlichen Licht zu profitieren, das nachweislich die Stimmung und Produktivität steigert. Einstellbare Arbeitsbeleuchtung kann das natürliche Licht ergänzen, indem sie es dorthin lenkt, wo es am meisten benötigt wird.

Auch die Temperatur beeinflusst unser Wohlbefinden und unsere Konzentration. Ein zu heißer oder zu kalter Arbeitsplatz kann ablenkend wirken und die Konzentration erschweren. Die meisten Menschen glauben, dass eine Temperatur zwischen 20 und 22 Grad Celsius ideal für die Produktivität ist. Wenn Sie die Temperatur an Ihrem gesamten Arbeitsplatz nicht regeln können, versuchen Sie, mit einem persönlichen Ventilator oder Heizgerät ein angenehmes Mikroklima rund um Ihren Schreibtisch zu schaffen.

Neben diesen grundlegenden ergonomischen Konzepten gibt es noch weitere Elemente, die Sie bei der Gestaltung Ihres Arbeitsplatzes berücksichtigen sollten. So ist beispielsweise die Position Ihres Computermonitors entscheidend, um Augenbelastungen und Nackenschmerzen vorzubeugen. Ihr Monitor sollte gerade vor Ihnen platziert sein, etwa eine Armlänge entfernt, wobei sich die Oberkante des Bildschirms auf oder knapp unter Augenhöhe befindet.

Auch die richtige Positionierung von Tastatur und Maus ist wichtig, um Schmerzen im Handgelenk und das Karpaltunnelsyndrom zu vermeiden. Die Tastatur sollte so positioniert sein, dass Ihre Handgelenke gerade sind und Ihre Unterarme parallel zum Boden sind. Damit Sie Ihre Maus ohne Anstrengung verwenden können, sollten Sie sie leicht erreichen können.

Schließlich sollten Sie regelmäßig Pausen einlegen, um sich zu strecken und zu bewegen. Langes Sitzen kann sich nachteilig auf unsere Gesundheit auswirken, daher sollten wir etwa alle 20 bis 30 Minuten aufstehen und uns bewegen. Ein kurzer Spaziergang durch das Büro oder ein paar einfache Dehnübungen können die Durchblutung fördern, Muskelverspannungen lösen und Ihre Gedanken klären.

Selbstreflektierende Fragen:

1. **Arbeitsplatzbeurteilung:** Wie fühle ich mich an meinem aktuellen Arbeitsplatz? Fördert er meine Konzentration und Produktivität oder fühle ich mich abgelenkt und überfordert? (Nehmen Sie sich einen Moment Zeit, um Ihren Arbeitsplatz zu

beobachten und Ihre emotionale Reaktion zu notieren.)
2. **Ergonomische Bewertung:** Ist mein Arbeitsplatz ergonomisch gestaltet? Fördern mein Schreibtisch, mein Stuhl und mein Computer eine gute Körperhaltung und körperliche Bequemlichkeit? (Überlegen Sie, ob Ihre aktuelle Einrichtung zu körperlichen Beschwerden oder Schmerzen beitragen könnte.)
3. **Inventarisierung des Durcheinanders:** Wie viel Durcheinander herrscht an meinem Arbeitsplatz? Ist er mit unnötigen Gegenständen gefüllt, die ablenken oder wertvollen Platz wegnehmen? (Machen Sie eine Inventarisierung Ihres Arbeitsplatzes und identifizieren Sie Gegenstände, die entfernt oder umgestellt werden könnten).
4. **Sensorische Einflüsse:** Wie wirken sich Beleuchtung, Temperatur und Geräuschpegel an meinem Arbeitsplatz auf meine Aufmerksamkeit und Konzentration aus? Gibt es sensorische Elemente, die angepasst werden könnten, um eine förderlichere Umgebung zu schaffen? (Achten Sie darauf, wie Ihre Sinne an Ihrem Arbeitsplatz stimuliert werden.)
5. **Personalisierung:** Spiegelt mein Arbeitsplatz meine Persönlichkeit und Interessen wider? Fühle ich mich dort inspiriert und motiviert zu arbeiten? (Ziehen Sie in Erwägung, persönliche Akzente zu setzen, wie etwa Pflanzen, Kunstwerke oder

bedeutungsvolle Gegenstände, um einen einladenderen und persönlicheren Arbeitsplatz zu schaffen.)

Transformative Übungen:

1. **Entrümpelungs-Challenge:** Stellen Sie einen Timer auf 15 Minuten und räumen Sie Ihren Arbeitsplatz auf. Entfernen Sie alle unnötigen Gegenstände, ordnen Sie Ihre Papiere und Akten und wischen Sie Ihren Schreibtisch ab. Beachten Sie, wie diese einfache Aufräumaktion ein Gefühl der Ruhe und Klarheit schaffen kann.
2. **Ergonomische Anpassung:** Experimentieren Sie mit der Anpassung der Höhe Ihres Schreibtischs, Stuhls und Computermonitors, um eine ergonomische Konfiguration zu finden, die sich bequem und unterstützend anfühlt. Investieren Sie bei Bedarf in ergonomisches Zubehör wie eine Tastatur-Handballenauflage oder einen Stehpultkonverter.
3. **Beleuchtungsoptimierung:** Experimentieren Sie mit verschiedenen Beleuchtungsoptionen an Ihrem Arbeitsplatz. Stellen Sie Ihren Schreibtisch möglichst in die Nähe eines Fensters, um das natürliche Licht optimal zu nutzen. Ergänzen Sie das natürliche Licht durch eine anpassbare Arbeitsbeleuchtung, um die Augen zu schonen und eine einladendere Atmosphäre zu schaffen.

4. **Sensorische Erkundung:** Achten Sie auf die sensorischen Elemente in Ihrem Arbeitsbereich und nehmen Sie bei Bedarf Anpassungen vor. Wenn Sie geräuschempfindlich sind, sollten Sie Kopfhörer mit Geräuschunterdrückung verwenden oder beruhigende Musik hören. Wenn Sie bestimmte Düfte entspannend finden, versuchen Sie, mit ätherischen Ölen oder Duftkerzen eine angenehmere Umgebung zu schaffen.
5. **Arbeitsplatzumgestaltung:** Wenn Ihr Budget es erlaubt, sollten Sie eine Arbeitsplatzumgestaltung in Betracht ziehen. Investieren Sie in einen neuen Schreibtisch, Stuhl oder andere ergonomische Möbel. Fügen Sie Pflanzen, Kunstwerke oder andere persönliche Details hinzu, um einen Raum zu schaffen, der Sie inspiriert und motiviert.

Kapitel Acht: Minimieren digitaler Ablenkungen

Benachrichtigungen aus: Das digitale Biest zähmen

In der heutigen hypervernetzten Welt sind Benachrichtigungen allgegenwärtig und fordern auf Schritt und Tritt unsere Aufmerksamkeit. Unsere Telefone summen, piepen und blinken ständig mit Warnungen, die von Social-Media-Updates und Nachrichtenschlagzeilen bis hin zu E-Mail-Benachrichtigungen und Kalendererinnerungen reichen. Benachrichtigungen können uns zwar dabei helfen, informiert und verbunden zu bleiben, sie können jedoch auch eine große Ablenkungsquelle sein, unsere Konzentration stören und unsere Produktivität beeinträchtigen.

Die Zähmung des digitalen Biests der Alarme ist ein wichtiger Schritt, um unsere Konzentration zurückzugewinnen und unsere Ziele zu erreichen. Wir können einen Raum schaffen, der Konzentration und intensives Arbeiten fördert, indem wir die Kontrolle über unsere digitale Umgebung gewinnen und technologische Grenzen setzen.

Der erste Schritt, um unsere Aufmerksamkeit zurückzugewinnen, besteht darin, nicht unbedingt notwendige Benachrichtigungen zu deaktivieren. Während bestimmte Benachrichtigungen, wie Kalendererinnerungen oder dringende Nachrichten, nützlich sein können, sind viele davon bloße Ablenkungen, die ignoriert werden können. Social-Media-Updates, Nachrichtenbenachrichtigungen und Werbe-E-Mails können alle ohne schwerwiegende Folgen deaktiviert werden.

Bitte überprüfen Sie Ihr Telefon und andere Benachrichtigungen. Stellen Sie sich die Frage: „Erfordert diese Benachrichtigung wirklich meine sofortige Aufmerksamkeit?" „Kann das bis später warten?" Wenn die Antwort nein ist, schalten Sie sie einfach aus. Indem Sie unerwünschte Benachrichtigungen löschen, können Sie die Anzahl der Ablenkungen, denen Sie im Laufe des Tages ausgesetzt sind, drastisch einschränken.

Eine weitere nützliche Methode ist das Festlegen von „Nicht stören"-Stunden. Dabei werden bestimmte Zeiträume während des Tages festgelegt, in denen Ihr Telefon und andere Geräte stumm bleiben und Benachrichtigungen deaktiviert sind. Diese Stunden können für intensive Arbeit, kreative Projekte oder einfach zum Entspannen genutzt werden.

Um Ablenkungen während Ihrer „Bitte nicht stören"-Stunden zu reduzieren, schalten Sie die Datenverbindung oder das WLAN Ihres Telefons aus. So verhindern Sie, dass eingehende E-Mails und Benachrichtigungen Ihren Arbeitsablauf stören. Indem Sie diese konzentrierten Zeiträume einplanen, können Sie Ihr Gehirn darauf trainieren, in einen Zustand tiefer Arbeit zu gelangen und bei Ihren wichtigsten Aufgaben hervorragende Fortschritte zu erzielen.

Zusätzlich zum Deaktivieren von Benachrichtigungen und Festlegen von „Nicht stören"-Zeiten können Sie App-Blocker verwenden, um Ihren Zugriff auf störende Apps und Websites weiter einzuschränken. Mit diesen Tools können Sie Zeitbeschränkungen für einzelne Apps festlegen oder sie zu bestimmten Tageszeiten vollständig verbieten. Sie können beispielsweise Social-Media-Apps während der Arbeitszeit deaktivieren oder Ihre Zeit auf Nachrichten-Websites auf 30 Minuten pro Tag begrenzen.

Mithilfe von App-Blockern können Sie eine digitale Umgebung schaffen, die Konzentration und Produktivität fördert. Sie können diese Tools auch verwenden, um unerwünschte Gewohnheiten zu ändern, z. B. das ständige Überprüfen Ihres Telefons oder das Durchstöbern von Social-Media-Feeds.

Das Deaktivieren von Benachrichtigungen, das Festlegen von „Nicht stören"-Zeiten und die Verwendung von App-Blockern können zwar dazu beitragen, Ablenkungen zu reduzieren, aber denken Sie daran, dass dies nur Hilfsmittel sind. Verwenden Sie diese Hilfsmittel bewusst und finden Sie eine Balance, die für Sie funktioniert.

Beispielsweise möchten Sie möglicherweise nicht alle Benachrichtigungen deaktivieren, da einige davon für Ihr berufliches oder privates Leben erforderlich sind. Stattdessen können Sie Ihre Benachrichtigungseinstellungen so anpassen, dass Sie nur Benachrichtigungen von den wichtigsten Apps und Diensten erhalten.

Ebenso sollten Sie nicht für den ganzen Tag „Bitte nicht stören"-Zeiten festlegen, da Sie dann für Familie, Freunde oder Kollegen möglicherweise nicht erreichbar sind. Planen Sie stattdessen bestimmte Zeiträume für ernsthafte Arbeit ein und legen Sie im Laufe des Tages Pausen ein, um Nachrichten zu lesen und auf E-Mails zu reagieren.

Letztlich geht es darum, eine digitale Umgebung zu schaffen, die Konzentration und Produktivität fördert und Sie gleichzeitig vernetzt und informiert hält. In einer Umgebung voller Ablenkungen können Sie Ihre Aufmerksamkeit zurückgewinnen und Ihre Ziele erreichen, indem Sie vorsichtig mit der Technologie umgehen und Grenzen für Ihre Geräte setzen.

App-Management: Kuratierung Ihrer digitalen Tools

App-Management ist der Prozess, bei dem wir unsere digitalen Tools kuratieren, unsere Geräte bereinigen und unsere Apps so organisieren, dass sie unseren Zielen und Prioritäten entsprechen. Es geht darum, uns der Apps bewusst zu sein, die wir verwenden, und sicherzustellen, dass sie uns dienen und nicht umgekehrt. Wenn wir die Kontrolle über unseren digitalen Raum übernehmen, können wir eine bewusstere Beziehung zu unseren Geräten aufbauen und unseren Fokus in einer abgelenkten Gesellschaft wiedererlangen.

Der erste Schritt bei der App-Verwaltung ist das Aufräumen Ihrer Geräte. Beginnen Sie mit der Überprüfung Ihres Startbildschirms und Ihrer App-Bibliothek. Fragen Sie sich: „Brauche ich diese App wirklich?" „Wie oft verwende ich sie?" „Bringt sie meinem Leben einen Mehrwert?" Wenn Sie eine dieser Fragen mit „Nein" beantworten, sollten Sie die App löschen. Gehen Sie bei Ihrer Überprüfung streng vor und scheuen Sie sich nicht, Apps zu löschen, die Sie selten verwenden oder die in Ihrem Leben keine Rolle mehr spielen.

Nachdem Sie Ihre Geräte entrümpelt haben, sortieren Sie die verbleibenden Apps in Ordner für spezielle Aufgaben. So können Sie schnell und einfach auf die benötigten Programme zugreifen, ohne durch einen überfüllten Homescreen scrollen zu müssen. Sie können beispielsweise Ordner für „Produktivität", „Soziale Medien", „Nachrichten", „Unterhaltung" und „Dienstprogramme" erstellen.

Denken Sie beim Organisieren Ihrer Apps in Ordnern an Ihre Nutzungsgewohnheiten und Prioritäten. Platzieren Sie die Apps, die Sie am häufigsten verwenden, für den schnellen Zugriff auf Ihren Startbildschirm oder Ihr Dock. Weniger häufig verwendete Apps können in Ordnern oder auf sekundären Displays organisiert werden. So können Sie Ihre Lieblings-Apps priorisieren und Zeit beim Suchen sparen.

Eine weitere nützliche Technik zur App-Verwaltung besteht darin, sich über Ihre App-Berechtigungen im Klaren zu sein. Viele Apps verlangen Zugriff auf Ihren Standort, Ihre Kontakte, Ihr Mikrofon, Ihre Kamera und andere vertrauliche Informationen. Bestimmte Berechtigungen sind für die Funktion des Programms erforderlich, während andere unnötig oder aufdringlich sind.

Überprüfen Sie die von Ihren Apps angeforderten Berechtigungen und deaktivieren Sie alle, die Sie nicht benötigen. Dies kann zum Schutz Ihrer Privatsphäre und Sicherheit beitragen und gleichzeitig die Menge der Informationen begrenzen, die Apps über Sie sammeln.

Neben der Vereinfachung und Organisation Ihrer Apps können Sie App-Verwaltungstools nutzen, um Ihr digitales Erlebnis weiter zu personalisieren. Viele Smartphones und Tablets verfügen über Funktionen, mit denen Sie Zeitlimits für einzelne Apps festlegen, Ihre App-Nutzung verfolgen und Apps zu bestimmten Tageszeiten sogar vollständig blockieren können. Diese Tools können Ihnen helfen, Ablenkungen zu reduzieren und Ihre Geräte auf eine Weise zu verwenden, die Ihren Zielen und Prioritäten entspricht.

Sie könnten zum Beispiel die Zeit begrenzen, die Sie mit dem Durchsehen von Social-Media-Feeds verbringen. Sie können auch Ihre App-Nutzung messen, um zu sehen, wie viel Zeit Sie mit jeder App verbringen und wo Sie sie einschränken könnten. Wenn Sie das Gefühl haben, dass bestimmte Apps extrem ablenkend sind, können Sie sie während der Arbeitszeit oder zu anderen Zeiten, in denen Sie sich konzentrieren müssen, vollständig deaktivieren.

Wenn Sie die Kontrolle über Ihr App-Management übernehmen, können Sie eine digitale Umgebung schaffen, die Aufmerksamkeit und Produktivität fördert. Sie können außerdem Ablenkungen minimieren, Ihre Privatsphäre schützen und Ihre Geräte auf eine Weise nutzen, die Ihren Werten und Bestrebungen entspricht.

Denken Sie daran, dass die App-Verwaltung ein fortlaufender Vorgang ist. Wenn Sie neue Apps herunterladen oder sich Ihre Prioritäten ändern, müssen Sie möglicherweise Ihre App-Nutzung neu bewerten und Änderungen an Ihrem Organisationsschema vornehmen.

Selbstreflektierende Fragen:

1. **Benachrichtigungsüberflutung:** Wie viele Benachrichtigungen erhalte ich an einem durchschnittlichen Tag? Welche sind wirklich wichtig und welche lenken mich nur ab? (Machen Sie eine Bestandsaufnahme Ihrer Benachrichtigungen und kategorisieren Sie sie nach ihrer Wichtigkeit).
2. **Digitale Gewohnheiten:** Wie oft schaue ich im Laufe des Tages auf mein Telefon oder andere Geräte? Aktualisiere ich ständig Social-Media-Feeds oder schaue nach, ob neue E-Mails eintreffen, auch wenn ich nichts Wichtiges erwarte? (Denken Sie über Ihre digitalen Gewohnheiten nach und darüber, wie sie sich möglicherweise auf Ihre Konzentration auswirken.)
3. **Bildschirmzeit:** Wie viel Zeit verbringe ich täglich vor Bildschirmen? Ist diese Bildschirmzeit mit meinen Zielen und

Prioritäten vereinbar oder ist sie übertrieben und schädlich für mein Wohlbefinden? (Verfolgen Sie eine Woche lang Ihre Bildschirmzeit, um Einblicke in Ihre digitalen Nutzungsmuster zu erhalten).
4. **FOMO (Angst, etwas zu verpassen):** Fühle ich mich ängstlich oder gestresst, wenn ich nicht mit meinen Geräten oder sozialen Medien verbunden bin? Habe ich das Gefühl, wichtige Informationen oder soziale Interaktionen zu verpassen? (Denken Sie über Ihre Beziehung zu FOMO nach und darüber, wie diese möglicherweise Ihre digitalen Gewohnheiten beeinflusst.)
5. **Digitale Grenzen:** Habe ich für meine digitalen Geräte irgendwelche Grenzen gesetzt? Gibt es bestimmte Zeiten oder Orte, an denen ich mich von der Technik abschalte und mich auf andere Aktivitäten konzentriere? (Überlegen Sie, ob Sie für Ihre Geräte klarere Grenzen setzen müssen, um Ihre Konzentration und Ihr Wohlbefinden zu schützen).

Transformative Übungen:

1. **Benachrichtigungsbereinigung:** Gehen Sie die Benachrichtigungseinstellungen auf Ihrem Telefon und anderen Geräten durch. Deaktivieren Sie Benachrichtigungen für nicht unbedingt erforderliche Apps und Dienste und passen Sie die Benachrichtigungen für wichtige Apps so an,

dass sie weniger aufdringlich sind (z. B. keine Töne oder Vibrationen).
2. **Nicht stören-Modus:** Probieren Sie den Nicht stören-Modus Ihres Telefons zu bestimmten Tageszeiten aus, beispielsweise während der Arbeitszeit, beim Lernen oder mit der Familie. Dies kann dazu beitragen, ablenkungsfreie Zonen zu schaffen, in denen Sie sich ohne Unterbrechung konzentrieren können.
3. **App-Zeitlimits:** Legen Sie Zeitlimits für bestimmte Apps fest, die Sie besonders ablenkend finden, z. B. soziale Medien oder Spiele. Viele Geräte und App Stores bieten integrierte Tools zum Festlegen von Zeitlimits. Alternativ können Sie Apps von Drittanbietern verwenden, um Ihre App-Nutzung zu verwalten.
4. **Digital Detox:** Planen Sie eine regelmäßige digitale Entgiftung, bei der Sie für einen festgelegten Zeitraum alle digitalen Geräte abschalten. Das kann ein paar Stunden, ein Tag oder sogar ein Wochenende dauern. Nutzen Sie diese Zeit für Offline-Aktivitäten, um mit Ihren Lieben in Kontakt zu bleiben oder einfach um zu entspannen und neue Kraft zu tanken.
5. **Bewusster Umgang mit Technik:** Üben Sie den bewussten Umgang mit Technik, indem Sie sich Ziele setzen, bevor Sie Ihre Geräte benutzen. Fragen Sie sich: „Was möchte ich erreichen?" „Wie viel Zeit bin ich bereit, für diese Aktivität aufzuwenden?"

Machen Sie im Laufe des Tages regelmäßig Pausen vom Bildschirm, um Ihre Augen und Ihren Geist auszuruhen.

Kapitel Neun: Die Macht der Gewohnheiten

Die Gewohnheitsschleife: Verstehen, wie Gewohnheiten funktionieren

Auf unserer nie endenden Suche nach persönlichem Wachstum und Veränderung kämpfen wir häufig mit tief verwurzelten Verhaltensweisen, die uns daran hindern, unser wahres Potenzial auszuschöpfen. Diese Verhaltensweisen, sei es das untätige Scrollen durch soziale Medien, das Aufschieben wichtiger Arbeit oder das Erliegen ungesunder Wünsche, können sich wie unüberwindbare Hindernisse auf dem Weg zum Erfolg anfühlen. Aber was wäre, wenn wir die

Grundursachen dieser Muster verstehen und unser Gehirn für positive Veränderungen neu verdrahten könnten?

Hier kommt die Gewohnheitsschleife ins Spiel, ein wirkungsvolles Paradigma, das zeigt, wie Gewohnheiten entwickelt, aufrechterhalten und schließlich geändert werden. Die Gewohnheitsschleife besteht im Wesentlichen aus drei grundlegenden Komponenten: Signal, Routine und Belohnung. Das Signal ist der Reiz, der die Gewohnheit auslöst. Dies kann ein externer Reiz sein, beispielsweise eine Benachrichtigung auf dem Telefon, oder ein innerer Zustand, beispielsweise Sorge oder Langeweile. Die Routine ist das Verhalten selbst – die Reihe von Aktivitäten, die Sie automatisch als Reaktion auf einen Reiz ausführen. Die Belohnung ist die positive Konsequenz oder Emotion, die Sie als Ergebnis Ihrer Routine erleben. Diese Belohnung verstärkt die Gewohnheit und erhöht die Wahrscheinlichkeit, dass Sie die Aktivität in Zukunft wiederholen.

Das Verständnis der Gewohnheitsschleife ist entscheidend, um unerwünschte Gewohnheiten zu überwinden. Wenn wir die Indikatoren identifizieren, die unser Verhalten auslösen, können wir besser erkennen, wann wir am wahrscheinlichsten in frühere Routinen zurückfallen. Wenn Sie beispielsweise feststellen, dass Sie zwanghaft nach Ihrem Telefon greifen, wenn Sie gelangweilt sind, kann Ihnen die Verwendung von Langeweile als Hinweis dabei helfen, die Gewohnheitsschleife zu durchbrechen, bevor sie beginnt.

Sobald wir unsere Signale erkannt haben, können wir anfangen, unsere Routinen zu ändern. Anstatt automatisch das alte, unerwünschte Verhalten zu zeigen, können wir eine neue, angenehmere Routine annehmen. Wenn beispielsweise Langeweile zu gedankenlosem Scrollen führt, können wir diese Gewohnheit durch eine erfüllendere Aktivität ersetzen, wie zum Beispiel ein Buch lesen, spazieren gehen oder Zeit mit unseren Lieben verbringen.

Die Belohnungskomponente der Gewohnheitsschleife ist ebenso wichtig. Wenn wir verstehen, was wir wirklich wollen, wenn wir einer Gewohnheit nachgehen, können wir gesündere und nachhaltigere Wege finden, um unsere Bedürfnisse zu befriedigen. Wenn wir beispielsweise soziale Medien nutzen, um mit anderen in Kontakt zu treten, könnten wir stattdessen persönliche soziale Kontakte suchen. Wenn wir Junkfood essen, um mit Stress fertig zu werden, sollten wir andere Ansätze zur Stressbewältigung in Betracht ziehen, wie etwa Bewegung oder Meditation.

Schädliche Verhaltensweisen zu durchbrechen ist schwierig, aber nicht unmöglich. Indem wir den Gewohnheitskreislauf aktiv unterbrechen und alte Gewohnheiten durch neue ersetzen, können wir unser Gehirn neu verdrahten und langfristige Veränderungen bewirken. Die Etablierung neuer

Gehirnbahnen erfordert Zeit und Mühe, daher sind Geduld und Ausdauer unerlässlich. Mit beharrlicher Übung und der Bereitschaft zum Erkunden können wir uns jedoch von unseren alten Gewohnheiten lösen und neue entwickeln, die mit unseren Zielen und Überzeugungen übereinstimmen.

Das Verständnis der Gewohnheitsschleife ist besonders wichtig, wenn wir versuchen, unsere Ziele in einer abgelenkten Gesellschaft zu erreichen. Viele der Ablenkungen, die wir erleben, werden durch Gewohnheiten verursacht. Beispielsweise ist der ständige Wunsch, unsere Telefone zu überprüfen oder unsere Social-Media-Feeds zu aktualisieren, häufig eine tief verwurzelte Gewohnheit, die durch den Dopaminschub von Likes, Kommentaren und Benachrichtigungen verstärkt wird.

Wir können beginnen, uns von diesen Ablenkungen zu befreien, indem wir sie als Gewohnheiten erkennen. Wir können die Auslöser identifizieren, unsere Gewohnheiten ändern und gesündere Wege finden, um unsere Bedürfnisse zu befriedigen. Dies kann zu einem fokussierteren und bewussteren Leben führen, in dem wir die Kontrolle über unsere Aktivitäten haben, anstatt von unseren Gewohnheiten diktiert zu werden.

Habit Stacking: Positive Routinen aufbauen

Wir fühlen uns häufig von neuen Gewohnheiten angezogen. Wir meditieren jeden Tag, treiben regelmäßig Sport, lesen mehr Bücher oder lernen eine neue Fähigkeit. Trotz unserer besten Bemühungen gelingt es uns oft nicht, diese neuen Verhaltensweisen zu etablieren und verschwinden genauso schnell wieder, wie sie aufgetaucht sind. Die Schwierigkeit, neue Verhaltensweisen in unser ohnehin schon hektisches Leben zu integrieren, ist das eigentliche Hindernis, nicht der Wunsch nach Veränderung.

Glücklicherweise ist Habit Stacking eine wirkungsvolle Technik, die das Potenzial hat, unsere Herangehensweise an die Gewohnheitsentwicklung zu verändern. Diese clevere Strategie nutzt die Stärke unserer etablierten Routinen, um einen einfachen Weg für das Gedeihen neuer Gewohnheiten zu schaffen. Indem wir neue Gewohnheiten bewusst mit etablierten kombinieren, können wir die Dynamik unseres aktuellen Verhaltens nutzen und so viel einfacher positive Veränderungen in unseren Alltag integrieren.

Habit Stacking ist ein einfaches, aber effizientes Konzept. Dabei geht es darum, ein bestehendes Verhalten zu erkennen, das Sie regelmäßig praktizieren, und dann eine neue Gewohnheit darauf zu „stapeln". Dies führt zu einer

Kettenreaktion, wobei die Vollendung einer Gewohnheit automatisch die nächste auslöst. Wenn Sie beispielsweise bereits jeden Morgen Ihr Bett machen, können Sie gleich danach eine neue Übung einbauen, bei der Sie sich fünf Minuten lang strecken. Indem Sie diese beiden Handlungen miteinander verbinden, schaffen Sie einen natürlichen Fluss, der es einfacher macht, sich an die neue Gewohnheit zu erinnern und sie zu praktizieren.

Die Genialität des Habit Stacking beruht auf seiner Fähigkeit, die Kraft von Hinweisen und Assoziationen zu nutzen. Unser Gehirn ist darauf programmiert, Assoziationen zwischen Erfahrungen und Verhaltensweisen herzustellen. Wenn wir häufig eine Handlung nach der anderen ausführen, lernt unser Gehirn, die beiden Verhaltensweisen miteinander zu verknüpfen. Diese Assoziation wird mit der Zeit stärker und wird schließlich zur Gewohnheit.

Indem wir eine neue Gewohnheit auf eine alte stapeln, schaffen wir effektiv einen neuen Auslöser für die neue Gewohnheit. Die Vollendung der alten Gewohnheit dient als Erinnerung daran, das neue Verhalten auszuführen, und erhöht die Wahrscheinlichkeit, dass wir es durchziehen. Dadurch müssen wir uns nicht mehr einfach auf Willenskraft oder Motivation verlassen, die flüchtig und ineffektiv sein können.

Um Habit Stacking erfolgreich anzuwenden, ist es wichtig, die richtige Ankergewohnheit auszuwählen. Dies sollte eine Gewohnheit sein, die Sie bereits haben und die Sie sich ohne große Anstrengung aneignen können. Es sollte auch eine Gewohnheit sein, die zu einer Zeit und an einem Ort stattfindet, die für die Ausübung der neuen Gewohnheit geeignet sind. Wenn Sie beispielsweise mit einer täglichen Meditationspraxis beginnen möchten, können Sie diese in Ihr morgendliches Kaffeeritual integrieren. Nachdem Sie Ihren Kaffee ausgetrunken haben, würden Sie sich sofort hinsetzen und meditieren.

Sobald Sie sich für Ihr Ankerverhalten entschieden haben, besteht der nächste Schritt darin, die neue Gewohnheit auszuwählen, die Sie darauf aufbauen möchten. Dies kann jedes Verhalten sein, das Sie in Ihr tägliches Leben integrieren möchten, wie z. B. Sport treiben, lesen oder Wertschätzung üben. Der Trick besteht darin, sich eine kleine und überschaubare Gewohnheit anzueignen, die die Wahrscheinlichkeit erhöht, dass Sie dabei bleiben.

Wenn Sie Ihren Gewohnheitsstapel erstellen, sollten Sie sich über die Reihenfolge der Aktionen im Klaren sein. Anstatt einfach zu sagen: „Nachdem ich meine Zähne geputzt habe, werde ich meditieren", sagen Sie doch einfach: „Nachdem ich meine Zahnbürste weggelegt habe, werde ich mich auf mein Meditationskissen setzen und fünf Minuten meditieren." Diese Genauigkeit hilft bei der Entwicklung eines klaren und umsetzbaren Plans.

Es ist auch wichtig, mit einfachen Dingen anzufangen und Ihren Gewohnheitsbestand schrittweise zu erweitern. Vermeiden Sie den Versuch, zu viele neue Gewohnheiten auf einmal einzuführen, da dies überfordernd sein und zu einem Burnout führen kann. Konzentrieren Sie sich stattdessen darauf, eine neue Gewohnheit nach der anderen zu meistern, bevor Sie sich an eine andere wagen.

Wenn Sie mit dem Stapeln von Gewohnheiten immer sicherer werden, können Sie beginnen, komplexere Verhaltensketten zu entwickeln. Sie können beispielsweise mehrere Gewohnheiten in Ihre Morgenroutine integrieren, wie z. B. das Reinigen Ihres Bettes, fünf Minuten Dehnen, fünf Minuten Meditieren und ein Glas Wasser trinken. Dadurch wird ein wirkungsvolles Morgenritual etabliert, das Sie auf einen produktiven und konzentrierten Tag vorbereitet.

Habit Stacking ist eine vielseitige Methode, die für eine Vielzahl von Zwecken und Situationen eingesetzt werden kann. Es kann Ihnen helfen, nützliche Gewohnheiten zu entwickeln, die Produktivität zu steigern, Stress abzubauen und sogar Aufschieberitis zu bekämpfen. Indem wir die Kraft unserer aktuellen Gewohnheiten nutzen, können wir langfristige Veränderungen in unserem

Leben bewirken und eine fokussiertere und sinnvollere Zukunft schaffen.

Wenn Sie also Probleme haben, sich neue Gewohnheiten anzueignen oder langfristige Änderungen vorzunehmen, sollten Sie Habit Stacking in Betracht ziehen. Dies ist eine einfache, aber wirkungsvolle Technik, um die Kraft Ihrer aktuellen Routinen zu nutzen und langfristige positive Änderungen vorzunehmen.

Selbstreflektierende Fragen:

1. **Gewohnheitsmäßiger Autopilot:** Welche drei Gewohnheiten habe ich täglich am häufigsten, ohne viel darüber nachzudenken? Behindern oder fördern sie meine Konzentration und meine Ziele? (Notieren Sie Ihre täglichen Routinen, insbesondere die, die Sie gedankenlos ausführen).
2. **Cue Awareness:** Was löst meine störendsten Gewohnheiten aus? Gibt es bestimmte Zeiten, Orte oder emotionale Zustände, die mich anfälliger dafür machen? (Denken Sie über die Situationen nach, in denen unerwünschte Gewohnheiten entstehen).
3. **Belohnungssystem:** Was will ich wirklich erreichen, wenn ich meinen Gewohnheiten nachgehe? Befriedigt die Belohnung ein echtes Bedürfnis oder ist sie eine vorübergehende Lösung, die ein tieferes

Problem verdeckt? (Gehen Sie auf die emotionale/körperliche Belohnung jeder Gewohnheit ein.)
4. **Konzentrationsfördernde Gewohnheiten:** Welche aktuellen Gewohnheiten unterstützen bereits meine Konzentration und Produktivität? Wie kann ich sie stärken oder als Bausteine für neue, positive Gewohnheiten nutzen? (Identifizieren Sie vorhandene Routinen, die Ihre Konzentration fördern, und nutzen Sie sie).
5. **Bereitschaft zur Veränderung:** Wie bereit bin ich auf einer Skala von 1 bis 10, meine störendsten Gewohnheiten zu ändern? Welche Hindernisse könnten auf mich zukommen und wie kann ich sie überwinden? (Bewerten Sie Ihre Motivation und mögliche Hindernisse für eine Veränderung.)

Transformative Übungen:

1. **Gewohnheitstracker:** Erstellen Sie einen visuellen Tracker, um Ihre Gewohnheiten eine Woche lang zu überwachen. Markieren Sie jeden Tag, an dem Sie erfolgreich eine positive Gewohnheit pflegen, und notieren Sie alle Auslöser für negative Gewohnheiten. So erhalten Sie einen klaren Überblick über Ihren Fortschritt und mögliche Verbesserungsbereiche.

2. **Modifikation des Signals:** Bei einer ablenkenden Gewohnheit können Sie mit einer Veränderung des Signals experimentieren. Wenn Ihr Telefon brummt, schalten Sie es auf lautlos. Wenn es ein bestimmter Ort ist, ändern Sie Ihre Umgebung. Beobachten Sie, wie sich die Veränderung des Auslösers auf Ihren Drang auswirkt, der Gewohnheit nachzugehen.
3. **Ersatz für Routinen:** Wählen Sie eine ablenkende Gewohnheit und überlegen Sie sich alternative Routinen, um das gleiche zugrunde liegende Bedürfnis zu befriedigen. Wenn es sich um Stressessen handelt, versuchen Sie es stattdessen mit einem kurzen Spaziergang oder tiefen Atemzügen. Üben Sie diese neue Routine eine Woche lang konsequent und beobachten Sie die Veränderungen.
4. **Ersatzbelohnung:** Wenn die Belohnung Ihrer Gewohnheit nicht gesund ist, finden Sie einen Ersatz. Statt des Dopaminschubs aus den sozialen Medien belohnen Sie sich nach Abschluss einer konzentrierten Arbeitssitzung mit einem gesunden Snack oder ein paar Minuten angenehmer Aktivität.
5. **Übung zum Stapeln von Gewohnheiten:** Wählen Sie eine bestehende positive Gewohnheit und stapeln Sie eine neue, gewünschte Gewohnheit darauf. Machen Sie beispielsweise nach dem Zähneputzen (bestehende Gewohnheit) eine

kurze Meditation (neue Gewohnheit). Dies nutzt die bestehende Routine, um die Übernahme der neuen Gewohnheit zu erleichtern.

Kapitel Zehn: Achtsamkeit zur Konzentration

Der gegenwärtige Moment: Ihre Aufmerksamkeit verankern

Unsere Gedanken springen von einem Gedanken zum nächsten, verweilen in der Vergangenheit oder machen sich Sorgen um die Zukunft und halten selten inne, um einfach im gegenwärtigen Moment zu sein. Der Schlüssel zu Konzentration und Erfüllung liegt jedoch im gegenwärtigen Moment, dem schwer fassbaren „Jetzt".

Achtsamkeit, eine Praxis mit alten Wurzeln in der östlichen Philosophie, bietet eine Methode, unsere Aufmerksamkeit wiederzuerlangen und sie fest in der Gegenwart zu verankern. Es ist ein Zustand aktiver, offener Aufmerksamkeit für den gegenwärtigen Moment, mit bewusster

Wahrnehmung unserer Ideen, Gefühle, physiologischen Empfindungen und unserer Umgebung. Bei Achtsamkeit geht es nicht darum, den Geist zu leeren oder Gedanken zu unterdrücken; es geht vielmehr darum, unsere Gedanken und Gefühle ohne Urteil zu beobachten und sie wie Wolken am Himmel vorüberziehen zu lassen.

Achtsamkeit hat ihren Ursprung in alten buddhistischen Traditionen und wurde als eine Art mentales Training zur Steigerung von Bewusstsein, Mitgefühl und Weisheit etabliert. In diesen Traditionen wurde Achtsamkeit als Mittel zur Erlangung inneren Friedens und zur Befreiung von Leiden angesehen.

Obwohl Achtsamkeit ihre Wurzeln in der östlichen Philosophie hat, hat sie in den letzten Jahrzehnten auch in der westlichen Kultur an Popularität gewonnen. Ihre Vorteile wurden umfassend erforscht und dokumentiert. Studien belegen, dass Achtsamkeit Stress reduzieren, Fokus und Konzentration verbessern, die emotionale Regulierung verbessern und sogar die Kreativität steigern kann.

In unserer abgelenkten Umgebung bietet Achtsamkeit ein wirksames Gegenmittel gegen die unaufhörliche Belastung unserer Aufmerksamkeit. Indem wir unseren Geist trainieren, präsenter zu sein, können wir der Versuchung widerstehen, uns in den nie endenden Gedankenstrom und die

Ablenkungen zu vertiefen, die uns jeden Tag überfallen. Anstatt uns mit der Vergangenheit zu beschäftigen oder uns über die Zukunft Sorgen zu machen, können wir lernen, uns ganz auf den gegenwärtigen Moment einzulassen, die grundlegenden Freuden des Lebens zu genießen und inmitten der Verwirrung Klarheit zu finden.

Sich auf die Atmung zu konzentrieren, körperliche Empfindungen zu beobachten oder auf Geräusche, Bilder und Gerüche in der Umgebung zu achten, sind gängige Aspekte der Achtsamkeitspraxis. Diese Aktivitäten helfen dabei, unsere Aufmerksamkeit auf den gegenwärtigen Moment zu richten und ein stärkeres Bewusstsein zu entwickeln.

Einer der Hauptvorteile der Achtsamkeit ist, dass sie uns dabei hilft, uns unserer Gedanken und Emotionen bewusster zu werden. Wenn wir achtsam sind, können wir unsere Gedanken und Gefühle untersuchen, ohne sie zu verurteilen, und sie als das erkennen, was sie sind: flüchtige mentale Prozesse, die uns nicht definieren. Diese nicht-reaktive Achtsamkeit ermöglicht es uns, Situationen mit größerer Ruhe und Belastbarkeit anzugehen.

Achtsamkeit hilft uns auch, mehr Selbstmitgefühl zu entwickeln. Wenn wir uns dessen bewusst sind, können wir unser eigenes Leiden erkennen und uns selbst mit Mitgefühl und Verständnis begegnen. Selbstmitgefühl kann uns helfen, vergangene Verletzungen zu heilen, Selbstzweifel zu überwinden und ein positiveres Selbstbild zu entwickeln.

Neben den persönlichen Vorteilen kann Achtsamkeit auch unsere Beziehungen zu anderen verbessern. Wenn wir ganz bei den Menschen sind, die uns wichtig sind, können wir ihnen aufmerksamer zuhören, tieferes Mitgefühl zeigen und eine echtere Verbindung aufbauen. Dies kann zu tieferen, bedeutungsvolleren Verbindungen und einem stärkeren Gefühl der Verbundenheit mit der Welt um uns herum führen.

Achtsamkeit in unseren Alltag zu integrieren muss weder schwierig noch zeitaufwändig sein. Schon wenige Minuten konzentriertes Atmen oder Meditieren täglich können große Auswirkungen haben. Wir können Achtsamkeit auch in unsere täglichen Routinen integrieren, beispielsweise beim Essen, Gehen und Autofahren. Wir können ein höheres Gefühl von Bewusstsein und Konzentration entwickeln, indem wir einfach auf den gegenwärtigen Moment und die Empfindungen unseres Körpers achten.

Meditationstechniken: Trainieren Sie Ihren Geist

Meditation ist im Kern die Praxis, unsere Aufmerksamkeit und unser Bewusstsein zu schärfen. Dabei konzentrieren wir unseren Geist bewusst auf ein bestimmtes Objekt, wie etwa den Atem, physiologische Empfindungen oder ein Mantra, und lassen dabei alle Ablenkungen oder Gedanken los, die auftauchen. Meditation kann zwar verschiedene Formen annehmen, jede mit ihrem eigenen Fokus und Nutzen, aber die Grundidee bleibt dieselbe: einen Zustand des Bewusstseins im gegenwärtigen Moment herzustellen.

Atembewusstsein. Eine der häufigsten und zugänglichsten Meditationsarten besteht darin, sich einfach auf den natürlichen Rhythmus des Atems zu konzentrieren. Nehmen Sie eine bequeme Sitzposition ein, entweder auf dem Boden oder auf einem Stuhl, mit gerader Wirbelsäule und entspannten Schultern. Schließen Sie die Augen oder entspannen Sie Ihren Blick und konzentrieren Sie sich sanft auf das Gefühl Ihres Atems, wenn er in Ihre Nase ein- und ausströmt oder wenn sich Ihr Bauch hebt und senkt. Denken Sie über die Art Ihres Atems nach: Ist er flach oder tief, gleichmäßig oder abgehackt? Beobachten Sie alle Empfindungen im Zusammenhang mit Ihrem Atem, wie die Kühle der Luft, die in Ihre Nase einströmt, und die Wärme Ihres Atems, der Ihren Mund verlässt.

Wenn Gedanken auftauchen, was durchaus passieren kann, nehmen Sie sie einfach ohne Wertung zur Kenntnis und konzentrieren Sie sich wieder sanft auf Ihre Atmung. Diese Technik der nicht-reaktiven Wahrnehmung ermöglicht es Ihnen, Ihre Gedanken und Emotionen wahrzunehmen, ohne sich in ihnen zu verlieren. Regelmäßiges Üben wird Ihre Fähigkeit zur Fokussierung und Konzentration steigern, sowohl auf dem Meditationskissen als auch abseits davon.

Eine weitere gängige Meditationstechnik ist das Body Scanning. Bei dieser Übung lenken Sie Ihre Aufmerksamkeit systematisch auf verschiedene Körperteile und nehmen alle auftretenden Empfindungen wahr. Scannen Sie Ihren Körper sanft, beginnend mit den Zehen und weiter zu den Beinen, dem Rumpf, den Armen und dem Kopf. Achten Sie auf alle Empfindungen von Steifheit, Entspannung, Kribbeln oder Wärme. Wie bei der Atembewusstseinsmeditation besteht der Schlüssel darin, diese Empfindungen einfach ohne Urteil zu beobachten und sie vorübergehen zu lassen.

Der Körperscan kann für Menschen, die unter körperlicher Belastung oder Schmerzen leiden, sehr hilfreich sein. Indem wir uns unseres Körpers bewusst werden, können wir Spannungen abbauen und uns wohler und entspannter fühlen. Darüber hinaus kann uns der Körperscan dabei helfen, uns geerdeter und präsenter zu fühlen, indem wir unsere Aufmerksamkeit auf die körperlichen Empfindungen des Augenblicks richten.

Meditation der liebenden Güte, auch bekannt als Metta-Meditation, ist die Praxis, Mitgefühl und Güte für sich selbst und andere zu entwickeln. Diese Technik beinhaltet das Wiederholen bestimmter Sätze oder Affirmationen, wie etwa

„Möge ich glücklich sein", „Möge ich gesund sein", „Möge ich sicher sein" und „Möge ich unbeschwert leben". Diese Aussagen können sich an Sie selbst, Familienmitglieder, Freunde, Fremde oder sogar schwierige Menschen in Ihrem Leben richten.

Meditation der liebenden Güte kann Stress, Angst und Depression reduzieren und gleichzeitig Gefühle von Glück, Verbundenheit und Wohlbefinden steigern. Wir können Mitgefühl und Güte uns selbst und anderen gegenüber kultivieren, was zu einem positiveren und hilfreicheren inneren Dialog und mehr Widerstandskraft gegenüber Widrigkeiten führt.

Dies sind nur einige der verschiedenen verfügbaren Meditationstechniken. Das Ausprobieren mehrerer Methoden ist der beste Weg, um eine Methode zu finden, die sich für Sie richtig anfühlt. Es gibt keine richtige oder falsche Art zu meditieren, und was für eine Person funktioniert, funktioniert für eine andere Person möglicherweise nicht. Der Trick besteht darin, eine Methode auszuwählen, die Ihnen Spaß macht und die Sie regelmäßig beibehalten können.

Meditation hat mehrere Vorteile für die Verbesserung der Konzentration. Es wurde nachgewiesen, dass regelmäßiges Meditieren die Aufmerksamkeitsspanne erhöht, Gedankenabschweifungen reduziert und die kognitive Flexibilität fördert. Es kann auch dabei helfen, Anspannung und Angst abzubauen, die beide mit schlechter Konzentration und Konzentration in Verbindung gebracht werden. Darüber hinaus kann Meditation das Selbstbewusstsein stärken, sodass wir unsere Gedanken, Emotionen und Auslöser besser verstehen, bewusstere Entscheidungen treffen und Ablenkungen vermeiden können.

Selbstreflektierende Fragen:

1. **Bewusstsein für den gegenwärtigen Moment:** Wie oft bin ich im Moment völlig präsent, ohne Urteil oder Ablenkung? Wie viel Prozent meines Tages verbringe ich auf Autopilot, hänge an der Vergangenheit oder mache mir Sorgen um die Zukunft?
2. **Gedankenwandern:** Wie oft schweifen meine Gedanken bei Aufgaben oder Gesprächen ab? Was sind die typischen Themen oder Muster meiner Gedankenwanderungen? (Versuchen Sie zu bemerken, wenn Ihre Gedanken abschweifen, und führen Sie sie sanft zurück in die Gegenwart).
3. **Sinneserfahrung:** Wie oft halte ich inne, um meine Sinne wirklich wahrzunehmen – die Sehenswürdigkeiten, Geräusche, Gerüche, Geschmäcker und Texturen um mich herum? Erlebe ich mein Leben voll und ganz mit meinen Sinnen oder entgeht mir die Fülle des gegenwärtigen Augenblicks?
4. **Emotionales Bewusstsein:** Wie wohl fühle ich mich mit meinen Emotionen? Kann

ich meine Gefühle ohne Urteil oder Reaktion beobachten oder neige ich dazu, mich von ihnen mitreißen zu lassen? (Beginnen Sie damit, die subtilen Nuancen Ihrer Emotionen wahrzunehmen, wenn sie auftauchen und vergehen).
5. **Achtsame Gewohnheiten:** Welche Aspekte meines täglichen Lebens könnten von einem achtsameren Ansatz profitieren? Kann ich bestimmte Aktivitäten wie Essen, Gehen oder Kommunizieren identifizieren, bei denen ich üben kann, präsenter und engagierter zu sein?

Transformative Übungen:

1. **Bewusstes Atmen:** Stellen Sie einen Timer auf 5–10 Minuten und nehmen Sie eine bequeme Sitzposition ein. Schließen Sie die Augen oder entspannen Sie Ihren Blick und konzentrieren Sie sich auf den natürlichen Fluss Ihres Atems. Achten Sie auf das Heben und Senken Ihres Bauches, das Gefühl der Luft, die durch Ihre Nasenlöcher strömt, und den sanften Rhythmus jedes Ein- und Ausatmens. Wenn Ihre Gedanken abschweifen, lenken Sie Ihre Aufmerksamkeit sanft wieder auf Ihren Atem.
2. **Body-Scan-Meditation:** Legen Sie sich hin oder setzen Sie sich bequem hin und lenken Sie Ihre Aufmerksamkeit systematisch auf verschiedene Teile Ihres

Körpers, beginnend bei den Zehen und hinauf zum Kopf. Achten Sie auf alle Empfindungen, die Sie in den einzelnen Bereichen spüren, wie Kribbeln, Wärme oder Spannung. Beobachten Sie diese Empfindungen einfach ohne Wertung und lassen Sie sie kommen und gehen.

3. **Bewusstes Gehen:** Machen Sie einen Spaziergang an einem ruhigen Ort, zum Beispiel in einem Park oder auf einem Naturpfad. Achten Sie beim Gehen auf das Gefühl, wenn Ihre Füße den Boden berühren, die Bewegung Ihrer Beine und das Gefühl der Luft auf Ihrer Haut. Achten Sie auf die Sehenswürdigkeiten, Geräusche und Gerüche um Sie herum.

4. **Bewusstes Essen: Essen Sie** bei Ihrer nächsten Mahlzeit langsamer und genießen Sie jeden Bissen. Achten Sie auf den Geschmack, die Konsistenz und das Aroma Ihres Essens. Achten Sie auf das Kauen und Schlucken. Vermeiden Sie Ablenkungen wie Fernsehen oder Lesen und konzentrieren Sie sich ganz auf das Essen.

5. **Aufmerksames Zuhören:** Üben Sie bei Ihrem nächsten Gespräch aufmerksames Zuhören. Schenken Sie der anderen Person Ihre volle Aufmerksamkeit, ohne sie zu unterbrechen oder Ihre Antwort zu formulieren. Achten Sie auf den Tonfall, die Körpersprache und die Mimik des Gesprächspartners. Versuchen Sie, die Perspektive des Gesprächspartners zu

verstehen und sich voll und ganz auf das Gespräch zu konzentrieren.

Kapitel Elf: Stressbewältigung

Stress und Konzentration: Der Zusammenhang

Wir unterschätzen oft die erheblichen Auswirkungen von Stress auf unsere Konzentrationsfähigkeit und das Erreichen unserer Ziele. Stress ist zwar eine natürliche und oft sogar gesunde Reaktion auf Widrigkeiten, kann aber schnell zu einem gewaltigen Feind werden, wenn er anhaltend und überwältigend ist. Stress hat weitreichende physiologische Folgen für das Gehirn, verringert die kognitive Funktion, beeinträchtigt die Konzentration und gefährdet schließlich unsere allgemeine Gesundheit.

Wenn wir uns in einer Stresssituation befinden, löst unser Körper eine Reihe physiologischer Reaktionen aus, die uns helfen, mit der wahrgenommenen Bedrohung fertig zu werden. Während die „Kampf-oder-Flucht"-Reaktion in gefährlichen Situationen zum Überleben notwendig ist, kann sie sich negativ auf unseren Geist und

Körper auswirken, wenn sie zu einem chronischen Zustand wird.

Cortisol, ein von den Nebennieren produziertes Hormon, spielt eine wichtige Rolle bei der Stressreaktion. Cortisol ist wichtig, um Energie zu mobilisieren und unseren Körper handlungsbereit zu machen. Dauerhafter Stress kann jedoch dazu führen, dass der Cortisolspiegel über längere Zeit erhöht bleibt, was für unser Gehirn schädlich sein kann.

Forschungsergebnissen zufolge können übermäßige Cortisolwerte die Funktion des präfrontalen Kortex beeinträchtigen, der für exekutive Prozesse wie Entscheidungsfindung, Planung und Aufmerksamkeit verantwortlich ist. Diese Beeinträchtigung kann sich auf verschiedene Weise äußern, beispielsweise in Konzentrationsschwierigkeiten, schlechtem Gedächtnis und verminderter kognitiver Flexibilität.

Darüber hinaus kann anhaltender Stress die Struktur und Funktion des Hippocampus verändern, eines Gehirnbereichs, der für Lernen und Gedächtnis verantwortlich ist. Studien zufolge kann anhaltender Stress den Hippocampus schrumpfen lassen, was zu Gedächtnisproblemen führt und die Wahrscheinlichkeit erhöht, an neurodegenerativen Erkrankungen wie Alzheimer zu erkranken.

Stress hat enorme Auswirkungen auf unsere Aufmerksamkeit. Wenn wir ängstlich sind, richtet sich unsere Aufmerksamkeit auf die Stressquelle, wodurch es schwieriger wird, sich auf andere Dinge zu konzentrieren. Dadurch kann ein Teufelskreis entstehen, in dem Stress unsere Konzentrationsfähigkeit beeinträchtigt, was wiederum zu zusätzlichem Stress führt.

Chronischer Stress kann auch das Gleichgewicht der Neurotransmitter im Gehirn stören, darunter Dopamin und Serotonin, die für die Stimmungsregulierung und kognitive Funktion notwendig sind. Dies kann Angst, Verzweiflung und Gereiztheit verursachen und Konzentrationsprobleme verschlimmern.

Der Zusammenhang zwischen anhaltendem Stress und Aufmerksamkeitsproblemen ist allgemein bekannt. Studien zufolge haben Menschen, die unter chronischem Stress leiden, häufiger Konzentrationsschwierigkeiten, Probleme beim Erinnern und bei der Entscheidungsfindung. Sie lassen sich auch leichter ablenken und haben Schwierigkeiten, konzentriert zu bleiben.

Dies kann erhebliche Auswirkungen auf ihr Privat- und Berufsleben haben. Schüler können sich im Unterricht nicht konzentrieren, was zu schlechten schulischen Leistungen führt. Berufstätige haben möglicherweise Konzentrationsschwierigkeiten bei der Arbeit, was zu geringerer Produktivität und verpassten Terminen führt. Im Privatleben können stressbedingte Aufmerksamkeitsprobleme es schwierig machen, sinnvolle Gespräche zu führen, mit geliebten Menschen in Kontakt zu treten und alltägliche Aktivitäten zu genießen.

Die gute Nachricht ist, dass wir nicht immun gegen die Folgen von Stress sind. Wenn wir die physiologischen Mechanismen verstehen, durch die Stress unser Gehirn beeinflusst, können wir Techniken entwickeln, um seinen schädlichen Auswirkungen entgegenzuwirken und unsere Aufmerksamkeit zurückzugewinnen. Dazu gehört die Umsetzung von Stressbewältigungspraktiken wie Achtsamkeitsmeditation, Bewegung und Zeit im Freien verbringen. Es bedeutet auch, ein ausgeglicheneres und erfüllteres Leben zu führen, in dem wir unser Wohlbefinden in den Vordergrund stellen und uns Zeit für Freizeit und Vergnügen nehmen.

Techniken zur Stressreduzierung: Ruhe im Chaos finden

Obwohl Stress ein natürlicher Teil des menschlichen Lebens ist, kann er unserer Gesundheit und unserem Wohlbefinden schaden, wenn er anhält und nicht bewältigt wird. Er kann viele Formen annehmen, von körperlichen Symptomen wie Kopfschmerzen und Erschöpfung bis hin zu emotionalem Unbehagen wie Angst und

Gereiztheit. Die gute Nachricht ist, dass wir Stress nicht hilflos ausgeliefert sind. Indem wir effektive Strategien zur Stressreduzierung in unseren Alltag integrieren, können wir nicht nur die negativen Auswirkungen von Stress reduzieren, sondern auch unser allgemeines Wohlbefinden verbessern und unser volles Potenzial ausschöpfen.

Achtsamkeitsübungen, die auf alten Weisheitstraditionen basieren, sind ein wirksames Gegenmittel gegen den Stress des modernen Lebens. Selbst inmitten des äußeren Chaos können wir die Wahrnehmung des gegenwärtigen Augenblicks und die vorurteilsfreie Akzeptanz unserer Gedanken und Gefühle kultivieren und so einen Raum des inneren Friedens schaffen. Bei der Achtsamkeitsmeditation beispielsweise konzentrieren wir unsere Aufmerksamkeit auf den gegenwärtigen Moment und beobachten unsere Gedanken und Empfindungen, ohne uns in ihnen zu verlieren. Diese einfache, aber tiefgreifende Übung kann helfen, den Geist zu beruhigen, Grübeleien zu minimieren und ein Gefühl des inneren Friedens aufzubauen.

Bewegung ist eine weitere hervorragende Möglichkeit, Stress abzubauen. Es wurde nachgewiesen, dass körperliche Aktivität unser geistiges und emotionales Wohlbefinden erheblich verbessert. Wenn wir trainieren, setzt unser Körper Endorphine frei, natürliche Substanzen, die unsere Stimmung verbessern und Schmerzen lindern. Bewegung kann auch dazu beitragen, den

Cortisolspiegel zu senken, ein Stresshormon, das sich negativ auf unseren Körper auswirken kann, wenn es dauerhaft erhöht ist. Ob flotter Spaziergang, Yoga-Kurs oder intensives Training – eine Übung zu finden, die Ihnen Spaß macht und die Sie in Ihren Alltag integrieren können, kann eine wirksame Methode sein, um Stress abzubauen und Ihr allgemeines Wohlbefinden zu steigern.

Tiefenatmungsübungen sind ein weiterer einfacher, aber effektiver Ansatz, um Stress abzubauen und Entspannung zu fördern. Wenn wir gestresst sind, neigen wir dazu, flach und schnell zu atmen. Wir können die Entspannungsreaktion des Körpers aktivieren, indem wir unsere Atmung absichtlich verlangsamen und vertiefen, was hilft, Herzfrequenz und Blutdruck zu senken und das Nervensystem zu beruhigen. Zwerchfellatmung ist eine einfache Methode, bei der Sie tief in Ihren Bauch atmen und ihn beim Einatmen ausdehnen und beim Ausatmen zusammenziehen lassen. Diese Art der Atmung beansprucht das Zwerchfell, einen wichtigen Muskel, der unsere Atmung reguliert und einen Zustand der Ruhe und Entspannung herbeiführen kann.

Es wurde auch nachgewiesen, dass das Verbringen von Zeit in der Natur eine große stressreduzierende Wirkung hat. Studien zufolge kann das Verbringen von Zeit in der Natur den Cortisolspiegel senken, den Blutdruck senken und die Stimmung verbessern. Einfach Zeit in einem Park, Wald oder anderen natürlichen Gebieten zu verbringen, kann helfen, den Geist zu beruhigen, Ängste abzubauen und Gefühle von Frieden und Wohlbefinden zu erzeugen. Sich mit der Natur zu verbinden, sei es durch einen gemütlichen Spaziergang im Wald, ein Picknick im Park oder einfach durch das Sitzen an einem See und Bewundern der Landschaft, kann eine wirksame Methode sein, um neue Energie zu tanken und Stress abzubauen.

Schließlich ist es ein wichtiger Teil des Stressmanagements, soziale Unterstützung zu finden. Der Kontakt mit Freunden, Verwandten oder einem Therapeuten kann eine sichere Umgebung bieten, in der wir unsere Sorgen ausdrücken, eine neue Perspektive gewinnen und emotionale Unterstützung erhalten können. Über unsere Sorgen zu sprechen kann uns helfen, angestaute Emotionen freizusetzen und uns weniger isoliert und überfordert zu fühlen. Darüber hinaus kann soziale Unterstützung ein Gefühl der Zugehörigkeit und Verbundenheit schaffen, das für unser Wohlbefinden entscheidend ist.

Selbstreflektierende Fragen:

1. **Stressinventar:** Was sind die Hauptstressquellen in meinem Leben? Sind sie mit der Arbeit, Beziehungen, Gesundheit, Finanzen oder anderen Faktoren verbunden? (Erstellen Sie eine Liste Ihrer Stressfaktoren, um Klarheit über deren Ursprung und Auswirkungen zu gewinnen).

2. **Stresssignale:** Wie reagiert mein Körper auf Stress? Welche körperlichen oder emotionalen Symptome erlebe ich, wenn ich mich überfordert oder ängstlich fühle? (Achten Sie auf die Signale Ihres Körpers, wie Muskelverspannungen, Kopfschmerzen, Müdigkeit oder Veränderungen des Appetits oder des Schlafs).
3. **Bewältigungsmechanismen:** Wie gehe ich derzeit mit Stress um? Sind meine Bewältigungsmechanismen gesund und nachhaltig oder verschlimmern sie das Problem? (Seien Sie ehrlich, was Ihre Bewältigungsstrategien angeht, wie z. B. übermäßiges Essen, übermäßiger Alkoholkonsum oder sozialer Rückzug).
4. **Stressschwelle:** Was ist meine Stressschwelle? Wie viel Stress kann ich bewältigen, bevor er sich negativ auf meine Konzentration, Produktivität und mein Wohlbefinden auswirkt? (Erkennen Sie Ihre persönlichen Grenzen und den Punkt, an dem der Stress überwältigend wird.)
5. **Praktiken zum Stressabbau:** Welche Aktivitäten oder Praktiken helfen mir, mich zu entspannen und Stress abzubauen? Wie häufig beschäftige ich mich mit diesen Aktivitäten und könnte es mir nützen, mehr Praktiken zum Stressabbau in meinen Alltag einzubauen? (Identifizieren Sie Aktivitäten, die Entspannung und Wohlbefinden fördern, wie z. B. Sport, Meditation oder das Verbringen von Zeit in der Natur).

Transformative Übungen:

1. **Achtsamkeitsmeditation:** Nehmen Sie sich jeden Tag 10 bis 15 Minuten Zeit, um Achtsamkeitsmeditation zu praktizieren. Suchen Sie sich einen ruhigen Ort, setzen Sie sich bequem hin, schließen Sie die Augen und konzentrieren Sie sich auf Ihren Atem. Achten Sie auf das Gefühl, wie Ihr Atem in Ihren Körper ein- und ausströmt, und beobachten Sie alle Gedanken oder Gefühle, die auftauchen, ohne sie zu bewerten.
2. **Progressive Muskelentspannung:** Legen Sie sich in eine bequeme Position und spannen Sie systematisch verschiedene Muskelgruppen Ihres Körpers an und entspannen Sie sie wieder, beginnend bei den Zehen und bis hinauf zum Kopf. Dies kann helfen, körperliche Anspannungen zu lösen und die Entspannung zu fördern.
3. **Dankbarkeitsübung:** Schreiben Sie jeden Tag drei Dinge auf, für die Sie dankbar sind. Das kann alles Mögliche sein, von einem unterstützenden Freund bis zu einem wunderschönen Sonnenuntergang. Sich auf Dankbarkeit zu konzentrieren kann helfen, Ihre Perspektive zu ändern und eine positivere Einstellung zu entwickeln.
4. **Eintauchen in die Natur:** Verbringen Sie regelmäßig Zeit in der Natur. Machen Sie einen Spaziergang im Park, wandern Sie

durch den Wald oder setzen Sie sich einfach an einen See und genießen Sie die Landschaft. Untersuchungen haben gezeigt, dass das Verbringen von Zeit in der Natur Stress abbauen, die Stimmung verbessern und die Kreativität steigern kann.
5. **Soziale Kontakte:** Nehmen Sie sich Zeit für sinnvolle soziale Interaktionen mit Freunden, Familie oder Kollegen. Teilen Sie Ihre Gedanken und Gefühle mit vertrauten Angehörigen oder genießen Sie einfach ihre Gesellschaft. Soziale Kontakte können eine wertvolle Quelle der Unterstützung sein und dazu beitragen, Gefühle der Isolation und Einsamkeit zu reduzieren.

Kapitel zwölf: Schlaf und Konzentration

Schlafmangel: Der Konzentrationskiller

Wir verzichten häufig auf Schlaf, weil wir glauben, dass uns langes Arbeiten hilft, unsere Ziele zu erreichen. Dieser Irrglaube könnte jedoch nicht weiter von der Wahrheit entfernt sein. Schlaf ist weder ein Luxus noch ein Zeichen von Faulheit; er ist ein grundlegendes biologisches Bedürfnis, das für unsere körperliche und geistige Gesundheit entscheidend ist. Er ist die Grundlage kognitiver Funktionen und beeinflusst unsere Fähigkeit, aufmerksam zu sein, uns zu erinnern, Entscheidungen zu treffen und geistig klar zu bleiben. In einer Gesellschaft voller Ablenkungen, die unsere ständige Aufmerksamkeit erfordern, ist es für jeden, der sich konzentrieren und seine Ziele erreichen möchte, von entscheidender Bedeutung, die Wissenschaft des Schlafs und die negativen Auswirkungen von Schlafentzug zu verstehen.

Schlaf ist mehr als nur ein Zustand der Inaktivität; es ist ein aktiver Prozess, bei dem unser Geist und unser Körper notwendige erholsame Aktivitäten durchführen. Während des Schlafs konsolidiert unser Gehirn Erinnerungen, analysiert Informationen und heilt Zellschäden. Schlaf hilft auch bei der Regulierung unserer Hormone, unseres Immunsystems und unseres Stoffwechsels. Im Wesentlichen dient Schlaf als Grundlage für unser körperliches und geistiges Wohlbefinden.

Wenn wir nicht genug Schlaf bekommen, verschlechtern sich unsere kognitiven Fähigkeiten. Studien haben gezeigt, dass Schlafmangel die Konzentration, das Gedächtnis und die Entscheidungsfähigkeit beeinträchtigt. Schlafmangel erschwert die Konzentration, verlangsamt die Reaktionszeiten und verringert unsere Fähigkeit, effektiv und kreativ zu denken. Wir machen auch häufiger Fehler und treffen schlechte Entscheidungen, weil unser Gehirn nicht optimal funktioniert.

Schlafmangel hat erhebliche Auswirkungen auf die Aufmerksamkeit. Schlaf reguliert die Gehirnchemikalien, die unsere Wachsamkeit und Konzentration steuern. Wenn wir unter Schlafmangel leiden, geraten diese Moleküle aus dem Gleichgewicht, was es schwierig macht, sich zu konzentrieren, konzentriert zu bleiben und Ablenkungen zu vermeiden. Dies kann besonders schädlich sein in einer Welt, in der es viele Ablenkungen gibt und unsere Aufmerksamkeit ständig in verschiedene Richtungen gelenkt wird.

Schlafmangel hat erhebliche Auswirkungen auf eine weitere kognitive Funktion: das Gedächtnis. Während des Schlafs konsolidiert unser Gehirn Erinnerungen und verschiebt sie vom Kurzzeit- ins Langzeitgedächtnis. Wenn wir nicht genug Schlaf bekommen, wird dieser Prozess gestört, was es schwierig macht, neue Erinnerungen zu entwickeln und bereits erlernte Informationen abzurufen. Dies kann erhebliche Auswirkungen auf unsere Fähigkeit haben, neue Fähigkeiten zu erlernen, bei der Arbeit oder in der Schule gute Leistungen zu erbringen und fundierte Urteile zu fällen.

Schlafmangel beeinträchtigt auch die Entscheidungsfähigkeit. Wenn wir müde sind, neigen wir eher dazu, vorschnelle Entscheidungen zu treffen, die auf Emotionen statt auf Vernunft beruhen. Wir sind auch weniger in der Lage, Risiken einzuschätzen und die möglichen Folgen unserer Entscheidungen abzuwägen. Dies kann zu schlechten Entscheidungen im Privat- und Berufsleben führen, die schwerwiegende Folgen haben können.

Chronischer Schlafmangel, also dauerhaft weniger Schlaf als der Körper benötigt, kann weitaus schwerwiegendere Folgen haben. Mit der Zeit kann er das Risiko für eine Reihe von Gesundheitsproblemen erhöhen, darunter Fettleibigkeit, Diabetes, Herzkrankheiten, Schlaganfall und bestimmte Krebsarten. Schlafmangel kann auch unser Immunsystem schädigen und uns anfälliger für Infektionen und Krankheiten machen.

Chronischer Schlafmangel kann sich negativ auf unsere körperliche und geistige Gesundheit auswirken. Schlafmangel wird mit einem erhöhten Risiko für Depressionen, Angstzustände und andere Stimmungsstörungen in Verbindung gebracht. Schlafmangel kann auch bereits bestehende psychische Störungen verschlimmern und ihre Behandlung erschweren.

Darüber hinaus kann sich anhaltender Schlafmangel negativ auf unsere Beziehungen und sozialen Interaktionen auswirken. Wenn wir müde und wütend sind, sind wir weniger geduldig, verständnisvoll oder mitfühlend gegenüber anderen. Dies kann zu Meinungsverschiedenheiten, Missverständnissen und einem Zusammenbruch der Kommunikation führen.

Schlafhygiene: Optimieren Sie Ihren Schlaf für Spitzenleistungen

Schlafhygiene umfasst eine Reihe von Routinen und Verhaltensweisen, die einen erholsamen Schlaf und optimale Wachheit am Tag fördern. Durch die Anwendung dieser Maßnahmen können wir unsere Schlafqualität verbessern, unsere kognitiven Funktionen steigern und unsere Ziele einfacher und effizienter erreichen.

Einer der wichtigsten Aspekte der Schlafhygiene ist die Einhaltung eines konsistenten Schlafmusters. Dazu gehört, jeden Tag zur gleichen Zeit ins Bett zu gehen und aufzuwachen, auch am Wochenende. Unser Körper verfügt über eine innere Uhr namens circadianer Rhythmus, die unseren Schlaf-Wach-Zyklus steuert. Durch die Einhaltung eines konsistenten Schlafmusters können wir unseren circadianen Rhythmus an unsere täglichen Aktivitäten anpassen, wodurch es einfacher wird, einzuschlafen und erfrischt aufzuwachen.

Ein weiterer wichtiger Aspekt der Schlafhygiene ist die Entwicklung eines beruhigenden Einschlafrituals. Dazu gehört, in den Stunden vor dem Schlafengehen langsamer zu machen und Aktivitäten nachzugehen, die die Entspannung fördern und den Körper auf den Schlaf vorbereiten. Dazu können ein warmes Bad, das Lesen eines Buches, das Hören beruhigender Musik oder das Üben von Entspannungstechniken wie tiefes Atmen oder Meditation gehören. Auch das Vermeiden anregender Aktivitäten wie Fernsehen oder Computerarbeit in den Stunden vor dem Schlafengehen kann die Schlafqualität verbessern.

Die Optimierung Ihrer Schlafumgebung ist ein weiterer wichtiger Bestandteil für erholsamen Schlaf. Ihr Schlafzimmer sollte dunkel, ruhig und kühl sein, da dies optimale Schlafbedingungen bietet. Die Investition in Verdunkelungsvorhänge, Ohrstöpsel oder ein Gerät mit weißem Rauschen kann dazu beitragen, eine entspanntere und schlaffördernde Atmosphäre zu schaffen. Stellen Sie außerdem sicher, dass Ihre Matratze und Kissen bequem und stützend sind, da dies einen großen Einfluss auf Ihre Schlafqualität haben kann.

Die Behandlung häufiger Schlafprobleme ist auch wichtig für die Verbesserung der Schlafhygiene. Wenn Sie Probleme beim Einschlafen oder Durchschlafen haben oder benommen aufwachen, sollten Sie einen Arzt aufsuchen. Häufige Schlafstörungen wie Schlaflosigkeit, Schlafapnoe und das Restless-Legs-Syndrom können sowohl die Schlafqualität als auch die allgemeine Gesundheit stark beeinträchtigen. Die Identifizierung und Behandlung dieser Krankheiten kann zu erheblichen Verbesserungen des Schlafs und des allgemeinen Wohlbefindens führen.

Zusätzlich zu diesen grundlegenden Prinzipien der Schlafhygiene gibt es mehrere andere umsetzbare

Strategien, die Ihnen helfen können, Ihre Schlafqualität zu verbessern:

- **Vermeiden Sie Koffein und Alkohol vor dem Schlafengehen** : Koffein und Alkohol können den Schlaf stören und das Einschlafen und Durchschlafen erschweren. Vermeiden Sie diese Substanzen in den Stunden vor dem Schlafengehen.
- **Begrenzen Sie Ihre Nickerchen tagsüber** : Kurze Nickerchen sind erholsam, aber lange oder häufige Nickerchen können Ihren Nachtschlaf beeinträchtigen. Wenn Sie ein Nickerchen brauchen, halten Sie es kurz (20-30 Minuten) und vermeiden Sie es, sich am späten Nachmittag auszuruhen.
- **Treiben Sie regelmäßig Sport** : Regelmäßige Bewegung kann die Schlafqualität verbessern, aber zu viel Sport vor dem Schlafengehen kann das Einschlafen erschweren.
- **Stress bewältigen** : Angst und Sorgen können den Schlaf stören. Entspannungsübungen wie Meditation oder tiefes Atmen können helfen, Stress abzubauen und vor dem Schlafengehen zu entspannen.
- **Das Licht sehen** : Wenn Sie tagsüber genügend natürliches Licht bekommen, können Sie Ihren zirkadianen Rhythmus regulieren und besser schlafen. Sorgen Sie

dafür, dass Sie jeden Tag etwas Sonnenlicht bekommen, besonders morgens.
- **Schaffen Sie eine Schlafoase** : Machen Sie Ihr Schlafzimmer zu einer beruhigenden und angenehmen Umgebung. Halten Sie es sauber, aufgeräumt und bei angenehmer Temperatur. Investieren Sie in bequeme Bettwäsche und Kissen und vermeiden Sie die Verwendung elektronischer Geräte in Ihrem Schlafzimmer.

Indem Sie diese Schlafhygienegewohnheiten in Ihren Alltag integrieren, können Sie Ihren Schlaf verbessern und zahlreiche Vorteile daraus ziehen, darunter eine gesteigerte Aufmerksamkeit, Produktivität, Zufriedenheit und allgemeine Gesundheit.

Selbstreflektierende Fragen:

1. **Schlafmenge:** Wie viele Stunden Schlaf bekomme ich normalerweise pro Nacht? Ist diese Menge für mein Alter und mein Aktivitätsniveau ausreichend oder leide ich ständig unter Schlafmangel? (Verfolgen Sie Ihren Schlaf eine Woche lang, um eine genaue Einschätzung Ihrer Schlafdauer zu erhalten).
2. **Schlafqualität:** Wie würde ich die Qualität meines Schlafes bewerten? Schlafe ich leicht ein und schlafe die ganze Nacht durch, oder wache ich häufig mit dem Gefühl auf, unausgeruht zu sein? (Denken Sie darüber

nach, wie ausgeruht Sie sich beim Aufwachen und im Tagesverlauf fühlen.)
3. **Wachheit am Tag:** Wie wach und konzentriert fühle ich mich tagsüber? Habe ich aufgrund von Schlafmangel Energieeinbrüche, Konzentrationsschwierigkeiten oder bin ich gereizt? (Achten Sie im Tagesverlauf auf Ihr Energieniveau und Ihre kognitiven Funktionen.)
4. **Schlafstörungen:** Gibt es Faktoren, die meinen Schlaf regelmäßig stören, wie z. B. Koffeinkonsum, Alkoholkonsum, Bildschirmzeit vor dem Schlafengehen oder eine laute Schlafumgebung ? (Identifizieren Sie potenzielle Schlafstörungen in Ihrer Routine und Umgebung.)
5. **Schlafbezogene Gesundheitsprobleme:** Habe ich schlafbezogene Gesundheitsprobleme wie Schlaflosigkeit, Schlafapnoe oder das Restless-Legs-Syndrom? Wenn ja, habe ich professionelle Hilfe gesucht oder Behandlungsmöglichkeiten geprüft? (Überlegen Sie, ob zugrunde liegende Schlafstörungen zu Ihren Schlafproblemen beitragen könnten.)

Transformative Übungen:

1. **Konsistenz des Schlafplans:** Etablieren Sie einen konsistenten Schlafrhythmus, indem Sie jeden Tag zur gleichen Zeit ins

Bett gehen und aufstehen, auch am Wochenende. Dies hilft, den natürlichen Schlaf-Wach-Rhythmus Ihres Körpers zu regulieren und die Schlafqualität zu verbessern.

2. **Erstellen einer Schlafenszeitroutine:** Erstellen Sie eine entspannende Schlafenszeitroutine, um vor dem Schlafengehen abzuschalten. Dazu können Aktivitäten wie das Lesen eines Buches, ein warmes Bad, das Hören beruhigender Musik oder das Üben von Entspannungstechniken wie tiefes Atmen oder Meditation gehören. Vermeiden Sie anregende Aktivitäten wie Fernsehen oder die Verwendung elektronischer Geräte in der Stunde vor dem Schlafengehen.

3. **Optimierung der Schlafumgebung:** Machen Sie Ihr Schlafzimmer zu einem Schlafparadies, indem Sie Ihre Schlafumgebung optimieren. Sorgen Sie dafür, dass Ihr Zimmer dunkel, ruhig und kühl ist. Investieren Sie bei Bedarf in Verdunkelungsvorhänge, Ohrstöpsel oder eine Maschine mit weißem Rauschen. Stellen Sie sicher, dass Ihre Matratze und Kissen bequem und stützend sind.

4. **Schlafüberwachung:** Verwenden Sie eine Schlafüberwachungs-App oder ein tragbares Gerät, um Ihre Schlafmuster zu überwachen. Diese Tools können wertvolle Einblicke in Ihre Schlafdauer, -qualität und mögliche Störungen liefern. Verwenden Sie diese

Informationen, um Bereiche zu identifizieren, in denen Sie Ihre Schlafhygiene verbessern können.
5. **Professionelle Beratung:** Wenn Sie chronische Schlafprobleme haben oder den Verdacht haben, dass Sie an einer Schlafstörung leiden, wenden Sie sich an einen Arzt. Er kann Ihnen bei der Diagnose der zugrunde liegenden Probleme helfen und Ihnen geeignete Behandlungsmöglichkeiten zur Verbesserung Ihrer Schlafqualität empfehlen.

Kapitel Dreizehn: Fokus in Beziehungen

Achtsame Kommunikation: Mit anderen präsent sein

Achtsame Kommunikation basiert auf dem Konzept der Achtsamkeit, der Praxis, dem gegenwärtigen Moment ohne Urteil Aufmerksamkeit zu schenken. Es bedeutet, der Interaktion die volle Aufmerksamkeit zu schenken, aktiv zuzuhören, was die andere Person sagt, und mit Empathie und Mitgefühl zu reagieren. Dieser Kommunikationsstil geht über Worte hinaus und umfasst nonverbale Hinweise, emotionale Unterströmungen und unausgesprochene Botschaften, die oft unter der Oberfläche verborgen sind.

Aktives Zuhören ist ein Schlüsselelement achtsamer Kommunikation. Es erfordert von uns, voll präsent, engagiert und aufmerksam auf die Botschaft des Sprechers zu sein, anstatt einfach nur zuzuhören, was er sagt. Aktives Zuhören bedeutet, neben dem Inhalt der Worte auch auf den Tonfall, die Körpersprache und die Mimik des Sprechers zu achten. Es beinhaltet auch, klärende Fragen zu stellen, zusammenzufassen, was wir gehört haben, und über die Gefühle des Sprechers nachzudenken.

Indem wir aktiv zuhören, zeigen wir dem Sprecher, dass wir seine Meinung wertschätzen und an seinen Gedanken interessiert sind. Das schafft Vertrauen und Sicherheit und gibt dem Sprecher das Gefühl, gehört und verstanden zu werden. Aktives Zuhören ermöglicht uns auch, den Standpunkt des Sprechers besser zu verstehen, was zu bedeutungsvolleren und effektiveren Gesprächen führt.

Ein weiterer wichtiger Aspekt achtsamer Kommunikation ist, in Gesprächen voll präsent zu sein. In der heutigen abgelenkten Umgebung ist es einfach, unsere Gedanken während Diskussionen schweifen zu lassen, an andere Dinge zu denken, unsere Telefone zu überprüfen oder unsere nächste Antwort zu planen. Wenn wir jedoch nicht voll präsent sind, verpassen wir die Nuancen des Gesprächs und auch die Möglichkeit, eine Verbindung herzustellen.

Um bei einem Gespräch voll präsent zu sein, müssen wir die Fähigkeit entwickeln, unseren inneren Dialog zum Schweigen zu bringen und unsere Aufmerksamkeit auf den Sprecher zu richten. Dazu gehört, dass wir unsere Telefone beiseite legen, alle Ablenkungen ausschalten und dem Sprecher in die Augen schauen. Es bedeutet auch, dass wir unsere eigenen Absichten loslassen und offen bleiben für das, was die andere Person zu sagen hat.

Empathie ist die Fähigkeit, die Gefühle anderer zu verstehen und zu teilen. Sie ist ein entscheidender Bestandteil achtsamer Kommunikation, weil sie es uns ermöglicht, uns mit anderen auf einer tieferen, emotionalen Ebene zu verbinden. Empathie ermöglicht es uns, uns in die Lage anderer zu versetzen und die Welt aus ihrer Sicht zu sehen. Dadurch können wir ihre Motive, Sorgen und Bedürfnisse besser verstehen.

Empathie ist mehr als bloßes kognitives Verständnis; sie umfasst auch emotionale Resonanz. Wenn wir vollkommenes Mitgefühl empfinden, können wir spüren, was die andere Person fühlt. Wir verstehen ihre Freude, Trauer, Wut und Angst. Dieses gemeinsame emotionale Erlebnis schafft eine starke Verbindung zwischen Menschen und fördert Vertrauen, Mitgefühl und Verständnis.

Empathie erfordert, dass wir sensibel und offen für die Gefühle anderer sind. Sie erfordert auch, dass wir nicht wertend und offen für unterschiedliche Sichtweisen sind. Wenn wir Interaktionen mit Empathie angehen, können wir Verständnislücken leichter überwinden, Probleme einvernehmlich lösen und tiefere Verbindungen zu den Menschen um uns herum aufbauen.

Bei bewusster Kommunikation geht es nicht nur darum, unsere Verbindungen zu anderen, sondern auch unsere Beziehung zu uns selbst zu verbessern. Wenn wir uns unserer eigenen Gedanken, Gefühle und Kommunikationsmuster bewusster werden, können wir wichtige Erkenntnisse über unsere eigenen Bedürfnisse, Motivationen und Auslöser gewinnen. Dieses Selbstbewusstsein kann uns helfen, effektiver zu kommunizieren, gesündere Beziehungen zu haben und ein erfüllteres Leben zu führen.

In einer Gesellschaft voller Ablenkungen ist achtsame Kommunikation ein wirksames Mittel, um unsere Konzentration wiederzuerlangen und tiefere Verbindungen zu Menschen aufzubauen. Indem wir aktiv zuhören, in Gesprächen ganz präsent bleiben und Empathie üben, können wir Grenzen abbauen, Verständnis fördern und eine mitfühlendere und verbundenere Gesellschaft aufbauen.

Grenzen setzen: Ihre Zeit und Energie schützen

Grenzen sind keine Barrieren, die uns von anderen trennen. Vielmehr sind es Regeln, die bestimmen, wie wir mit der Welt interagieren. Sie helfen uns dabei, positive Beziehungen zu pflegen, unsere Bedürfnisse zu priorisieren und unsere wertvollsten Ressourcen zu schützen: Zeit, Energie und Aufmerksamkeit.

Stellen Sie sich vor, Ihr Leben wäre ein Garten. Ohne Grenzen wuchert er und wird chaotisch, und Unkraut erstickt die herrlichen Blumen und Früchte, die Sie sorgfältig angelegt haben. Wenn wir in unseren Beziehungen keine Grenzen setzen, laufen wir Gefahr, überlastet, überfordert und müde zu werden, sodass uns wenig Energie oder Aufmerksamkeit für das bleibt, was wirklich wichtig ist.

Das Setzen angemessener Grenzen bedeutet nicht, egoistisch oder unfreundlich zu sein; es bedeutet vielmehr, unsere eigenen Grenzen anzuerkennen und anderen mitzuteilen. Es geht darum, „Ja" zu Dingen zu sagen, die mit unseren Überzeugungen und Ambitionen vereinbar sind, und „Nein" zu Dingen, die das nicht tun. Es geht darum, ein Umfeld für persönliches und berufliches Wachstum zu schaffen.

In unseren persönlichen Beziehungen helfen uns Grenzen dabei, unsere eigenen Wünsche und Vorlieben zu formulieren und sie den Menschen mitzuteilen, die uns wichtig sind. Sie ermöglichen es uns, Grenzen dafür zu setzen, wie viel Zeit und Energie wir bereit sind, anderen zu widmen, und dabei trotzdem noch genug für uns selbst übrig zu lassen. Dies ist besonders in engen Beziehungen von entscheidender Bedeutung, da die Unterscheidung zwischen unseren eigenen Wünschen und den Bedürfnissen anderer leicht verschwimmen kann.

Das Setzen von Grenzen in persönlichen Beziehungen kann bedeuten, „Nein" zu Anfragen zu sagen, für die Sie keine Zeit haben oder die nicht mit Ihren Werten übereinstimmen, die Zeit, die Sie mit bestimmten Personen verbringen, zu begrenzen und Ihre Bedürfnisse und Erwartungen selbstbewusst zu kommunizieren. Das Setzen und Aufrechterhalten angemessener Grenzen ermöglicht es uns, Beziehungen aufzubauen, die von gegenseitigem Respekt, Hilfe und Zufriedenheit geprägt sind.

In unserem Arbeitsleben sind Grenzen ebenso wichtig. Sie helfen uns, unsere Zeit, Energie und Konzentration vor dem unerbittlichen Druck der Arbeit zu schützen. Ohne Grenzen können wir leicht mit E-Mails, Besprechungen und anderen arbeitsbezogenen Verpflichtungen überfordert werden, sodass uns kaum Zeit oder Energie für unser Privatleben bleibt.

Das Setzen von Grenzen am Arbeitsplatz kann verschiedene Strategien umfassen, darunter die klare Kommunikation mit Kollegen und Vorgesetzten über Ihre Verfügbarkeit, die Festlegung festgelegter Arbeitszeiten und das Lernen, „Nein" zu Anfragen zu sagen, die außerhalb Ihres Verantwortungsbereichs liegen oder Ihren Zeitplan überlasten würden. Dazu kann auch die Schaffung eines physischen und digitalen Arbeitsbereichs gehören, der Ablenkungen reduziert und die Konzentration erhöht.

Indem wir Grenzen am Arbeitsplatz setzen und einhalten, können wir ein produktiveres und erfüllenderes Arbeitsumfeld schaffen. Wir können außerdem Stress reduzieren, Burnout vermeiden und eine Work-Life-Balance aufrechterhalten.

Grenzen zu setzen kann schwierig sein, besonders wenn wir es nicht gewohnt sind, unsere Bedürfnisse durchzusetzen oder „Nein" zu sagen. Mit etwas Übung und Entschlossenheit kann es jedoch zu einem natürlichen und stärkenden Teil unseres täglichen Lebens werden. Es ist wichtig, sich daran zu erinnern, dass es beim Setzen von Grenzen nicht darum geht, perfekt zu sein; es geht darum, bewusste Entscheidungen zu treffen, die unsere Werte und Ziele widerspiegeln.

Um erfolgreich Grenzen zu setzen, ist eine klare und aggressive Kommunikation erforderlich. Das bedeutet, dass Sie Ihre Wünsche und Erwartungen direkt und höflich äußern, ohne sich zu entschuldigen oder Ausreden anzubieten. Es erfordert auch, dass Sie Ihre Grenzen respektieren und „Nein" zu Ihren Lieben sagen.

Es ist auch wichtig, flexibel und anpassungsfähig zu sein, wenn es um Grenzen geht. Unsere Bedürfnisse und Prioritäten können sich im Laufe der Zeit ändern; daher müssen unsere Grenzen möglicherweise entsprechend angepasst werden. Das Ziel besteht darin, sich unserer eigenen Bedürfnisse bewusst zu sein und sie anderen auf höfliche und erfolgreiche Weise mitzuteilen.

Indem wir in unseren persönlichen und beruflichen Beziehungen angemessene Grenzen setzen und einhalten, können wir unsere Zeit, Energie und Aufmerksamkeit schützen, sodass wir unsere Ziele erreichen, unser Wohlbefinden fördern und ein erfüllteres Leben führen können. In einer Gesellschaft, die ständig unsere Aufmerksamkeit fordert, ist die Fähigkeit, Grenzen zu setzen, eine Superkraft, die uns helfen kann, ein wirklich einzigartiges Leben aufzubauen.

Selbstreflektierende Fragen:

1. **Gegenwärtige Präsenz:** Wie oft bin ich bei der Interaktion mit geliebten Menschen voll und ganz anwesend, nicht nur körperlich, sondern auch geistig und emotional? Merke ich, dass meine Gedanken zu anderen Aufgaben oder Sorgen abschweifen? (Denken Sie an bestimmte Interaktionen, bei denen Ihre Aufmerksamkeit möglicherweise nachgelassen hat.)
2. **Qualität des Zuhörens:** Höre ich anderen wirklich zu, wenn sie sprechen, oder warte ich nur darauf, dass ich an der Reihe bin? Versuche ich aktiv, ihre Sichtweise zu verstehen, oder urteile ich schnell oder biete Lösungen an? (Bewerten Sie Ihre Fähigkeiten zum Zuhören und wie sie sich auf Ihre Beziehungen auswirken).
3. **Ablenkung durch Geräte:** Wie oft unterbreche ich Gespräche oder gemeinsame

Momente, um mein Telefon oder andere Geräte zu überprüfen? Habe ich digitale Interaktionen gegenüber Kontakten im echten Leben für wichtiger? (Bewerten Sie die Rolle, die Technologie in Ihren zwischenmenschlichen Beziehungen spielt.)
4. **Emotionale Verbindung:** Wie tief verbinde ich mich auf emotionaler Ebene mit anderen? Kann ich meine Gefühle offen und ehrlich ausdrücken und bin ich empfänglich für die Emotionen anderer? (Denken Sie über die Tiefe und Authentizität Ihrer emotionalen Verbindungen nach.)
5. **Beziehungsgrenzen:** Habe ich in meinen Beziehungen gesunde Grenzen, die meine Zeit, Energie und Konzentration schützen? Kommuniziere ich meine Bedürfnisse klar und respektvoll oder neige ich dazu, mich zu überfordern? (Bewerten Sie das Gleichgewicht von Geben und Nehmen in Ihren Beziehungen.)

Transformative Übungen:

1. **Telefonfreie Zeit:** Legen Sie jeden Tag oder jede Woche bestimmte Zeiten für telefonfreie Interaktionen mit Ihren Lieben fest. Legen Sie Ihre Geräte weg und unternehmen Sie Aktivitäten, die Kontakte und Gespräche fördern, wie z. B. eine gemeinsame Mahlzeit, einen Spaziergang oder ein Spiel.

2. **Aktives Zuhören üben:** Versuchen Sie bei Ihrem nächsten Gespräch bewusst, aktiv zuzuhören. Schenken Sie Ihrem Gegenüber Ihre ungeteilte Aufmerksamkeit, stellen Sie Augenkontakt her und zeigen Sie ihm durch verbale und nonverbale Signale, dass Sie an dem Gesagten interessiert sind. Denken Sie an die Gefühle des Gegenübers und stellen Sie klärende Fragen, um sicherzustellen, dass er verstanden wird.
3. **Empathie steigern:** Wählen Sie eine Person, die Ihnen am Herzen liegt, und versuchen Sie, die Welt durch ihre Augen zu sehen. Denken Sie an ihre Erfahrungen, Perspektiven und Herausforderungen. Stellen Sie sich vor, wie sie sich fühlen könnte, und versuchen Sie, ihre Motivationen und Handlungen zu verstehen. Diese Übung kann Ihnen helfen, mehr Empathie und Mitgefühl zu entwickeln.
4. **Digitale Entgiftung in Beziehungen:** Planen Sie eine digitale Entgiftung mit Ihrem Partner, Ihrer Familie oder Ihren Freunden. Vereinbaren Sie, Ihre Geräte für einen bestimmten Zeitraum zu deaktivieren, z. B. ein Wochenende oder ein paar Stunden am Tag. Nutzen Sie diese Zeit, um tiefere Kontakte zu knüpfen, gemeinsame Aktivitäten zu unternehmen oder einfach die Gesellschaft des anderen zu genießen.
5. **Grenzen setzen:** Identifizieren Sie einen Bereich in Ihren Beziehungen, in dem Sie klarere Grenzen setzen müssen. Dies kann

mit Zeit, Energie, persönlichem Freiraum oder Kommunikation zusammenhängen. Kommunizieren Sie Ihre Bedürfnisse klar und bestimmt gegenüber der anderen Person und üben Sie, bei Bedarf „Nein" zu sagen. Denken Sie daran, dass gesunde Grenzen für die Aufrechterhaltung gesunder Beziehungen unerlässlich sind.

Kapitel 14: Konzentration bei der Arbeit

Konzentriertes Arbeiten: Flow-Zustände für mehr Produktivität schaffen

Cal Newport prägt den Begriff „Deep Work" in seinem gleichnamigen, berühmten Buch. Er bezieht sich auf die Gewohnheit, sich ohne Ablenkung auf eine kognitiv anspruchsvolle Aufgabe zu konzentrieren. Es ist ein Zustand des Flows, in dem wir völlig in unsere Arbeit vertieft sind, ohne Ablenkungen durch ständige Unterbrechungen und oberflächliche Beschäftigungsarbeit. In einer Gesellschaft, die uns mit Reizen bombardiert und ständig unsere Aufmerksamkeit fordert, bietet Deep Work eine Oase der Konzentration und Produktivität.

Um das tatsächliche Potenzial von Deep Work zu begreifen, müssen wir zunächst die oberflächliche Arbeit erkennen, die unsere Tage in Anspruch nimmt. Oberflächliche Arbeit wird definiert als Arbeit mit geringem Wert, die sich wiederholt und leicht nachahmen lässt. Diese Tätigkeiten, wie das Abrufen von E-Mails, die Teilnahme an sinnlosen Meetings oder das Scrollen durch soziale Medien, vermitteln zwar vielleicht den Eindruck, beschäftigt zu sein, führen aber selten zu echten Ergebnissen. Oberflächliche Arbeit fragmentiert unsere Aufmerksamkeit, verbraucht unsere geistige Energie und hindert uns daran, tiefgründig nachzudenken, was für Kreativität, Erfindungsgabe und Problemlösung erforderlich ist.

Konzentriertes Arbeiten hingegen dient als Gegenmittel zu oberflächlicher Arbeit. Es ist die Fähigkeit, sich ohne Ablenkung auf eine kognitiv anspruchsvolle Aufgabe zu konzentrieren. Dies kann das Erstellen eines komplexen Berichts, das Auswerten von Daten, das Erstellen eines neuen Produkts oder das Ausarbeiten einer neuartigen Lösung für ein schwieriges Problem sein. Konzentriertes Arbeiten ist schwierig; es erfordert Disziplin, Konzentration und die Bereitschaft, sich von der ständigen Flut an Ablenkungen, die uns umgeben, zurückzuziehen. Die Vorteile langwieriger Arbeit sind jedoch enorm.

Wenn wir gründlich arbeiten, können wir unsere gesamte kognitive Kapazität ausschöpfen. Wir können klarer denken, Probleme effizienter lösen und innovativere Ideen entwickeln. Wir können uns bei der Arbeit auch zufriedener und erfüllter fühlen, da wir echte Fortschritte bei der Erreichung unserer Ziele machen.

Wie können wir also in unserem Leben Umgebungen schaffen, die zu konzentrierter Arbeit anregen? Der erste Schritt besteht darin, sich bestimmte ungestörte Zeiträume zu reservieren. Das bedeutet, dass Sie in Ihrem Tag oder in Ihrer Woche bestimmte Zeiten festlegen, in denen Sie sich ohne Ablenkung ganz auf ein einziges Thema konzentrieren. Dazu könnte gehören, dass Sie Zeit in Ihrem Zeitplan markieren, Benachrichtigungen ausschalten, Ihr Telefon stumm schalten und einen ruhigen Arbeitsplatz finden, an dem Sie ungestört arbeiten können.

Die Dauer dieser intensiven Arbeitssitzungen hängt von Ihren persönlichen Vorlieben und der Art der anstehenden Aufgabe ab. Manche Menschen glauben, dass kürzere, häufigere Sitzungen effektiver sind, während andere längere, weniger häufige Sitzungen bevorzugen. Der Trick besteht darin, zu experimentieren und einen Rhythmus zu finden, der zu Ihnen passt.

Um das Beste aus Ihren Deep-Work-Sitzungen herauszuholen, entwickeln Sie Rituale und Gewohnheiten, die Ihnen dabei helfen, in einen konzentrierten Zustand zu gelangen. Dazu könnte das Hören von entspannender Musik, eine kurze Meditation oder einfach ein paar tiefe Atemzüge gehören. Es ist auch hilfreich, für jede Sitzung ein klares Ziel vor Augen zu haben und Ihre Aktivität in kleinere, überschaubarere Abschnitte aufzuteilen.

Der Umgang mit Unterbrechungen ist ein unvermeidlicher Aspekt intensiver Arbeit. Selbst mit den besten Absichten können unsere Gedanken abschweifen und es kann zu externen Störungen kommen. Das Ziel besteht darin, Fähigkeiten zu entwickeln, um mit Ablenkungen umzugehen und schnell wieder Aufmerksamkeit zu erlangen.

Eine effektive Methode ist es, eine Ablenkungsliste zu erstellen. Wenn Ihnen ein ablenkender Gedanke oder ein ablenkendes Konzept in den Sinn kommt, schreiben Sie es auf Ihre Liste und kehren Sie später darauf zurück. Auf diese Weise können Sie den Gedanken zur Kenntnis nehmen, ohne sich davon ablenken zu lassen.

Eine weitere Möglichkeit besteht darin, zwischen konzentrierten Arbeitssitzungen kurze Pausen einzulegen. Dies kann Ihnen helfen, geistige Ermüdung zu vermeiden und über längere Zeit konzentriert zu bleiben . Während Ihrer Pausen können Sie aufstehen und sich bewegen, sich leicht strecken oder einfach ein paar Mal tief durchatmen.

Es ist auch wichtig, sich Ihres Energieniveaus bewusst zu sein. Konzentriertes Arbeiten erfordert viel geistige Energie. Planen Sie Ihre Sitzungen also zu Zeiten, in denen Sie am wachsten und konzentriertesten sind. Bei vielen Menschen geschieht dies früh am Morgen oder nach einer kurzen Ruhepause.

Unterbrechungen bewältigen: Auf Kurs bleiben

In der hektischen Symphonie des modernen Büros sind Unterbrechungen ein ständiger Refrain, der leicht das Gleichgewicht zwischen Konzentration und Produktivität stören kann. Ob es sich um einen gesprächigen Kollegen, ein unerwartetes Meeting oder eine Flut von E-Mails handelt, diese Unterbrechungen können unsere Konzentration spalten, unsere Produktivität beeinträchtigen und uns gestresst und unproduktiv fühlen lassen. Obwohl Unterbrechungen ein unvermeidlicher Aspekt des Berufslebens sind, sind wir nicht machtlos, ihren störenden Auswirkungen entgegenzuwirken. Effektive Unterbrechungsmanagementtaktiken können uns helfen, unsere Aufmerksamkeit zurückzugewinnen, unsere Produktivität zu schützen und ein erfüllenderes Arbeitserlebnis zu schaffen.

Kollegen sind zwar ein wichtiger Bestandteil jeder Arbeit, können aber auch eine erhebliche Ablenkungsquelle darstellen. Eine einfache Frage hier, eine höfliche Interaktion dort und ehe man sich versieht, verwandeln sich kostbare Minuten in Stunden vergeudeter Produktivität. Das Festlegen klarer Grenzen und Erwartungen ist entscheidend, um mit Unterbrechungen durch Kollegen umzugehen. Dies kann bedeuten, feste Zeiten für die Zusammenarbeit und Einzelarbeit einzuplanen, anderen Ihre Verfügbarkeit mitzuteilen und Störungen höflich, aber bestimmt abzulehnen, wenn Sie sich konzentrieren müssen. Erwägen Sie den Einsatz optischer Hinweise wie Kopfhörer oder ein „Bitte nicht stören"-Schild, um Ihren Kollegen mitzuteilen, dass Sie tief in die Arbeit vertieft sind und nicht gestört werden sollten, bis es unbedingt nötig ist.

Besprechungen sind zwar häufig für die Zusammenarbeit und Entscheidungsfindung erforderlich, können aber auch viel Zeit in Anspruch nehmen. Eine Besprechung nach der anderen kann uns erschöpfen und unproduktiv machen, sodass kaum Zeit für konzentriertes Arbeiten bleibt. Um den Einfluss von Besprechungen auf Ihre Konzentration und Produktivität zu verringern, wählen Sie sorgfältig aus, an welchen Besprechungen Sie teilnehmen. Überlegen Sie, ob Ihre Anwesenheit wirklich notwendig ist oder ob die Informationen über einen anderen Kanal wie E-Mail oder ein freigegebenes Dokument übermittelt werden könnten. Wenn Sie an einer Besprechung teilnehmen, bereiten Sie sie mit einer klaren Tagesordnung und Zielen vor und beteiligen Sie sich aktiv daran, sicherzustellen, dass die Gruppe auf Kurs bleibt und ihre Ziele erreicht.

E-Mails sind zwar ein nützliches Kommunikationsmittel, können aber schnell überwältigend und ablenkend werden. Die stetige Flut an Nachrichten kann unsere Aufmerksamkeit zerstreuen, unseren Arbeitsablauf stören und ein Gefühl der Dringlichkeit vermitteln, das nur schwer zu ignorieren ist. Um Ablenkungen durch E-Mails zu vermeiden, planen Sie regelmäßige Zeiten während des Tages ein, um E-Mails zu überwachen und darauf zu reagieren, anstatt sie ständig zu überprüfen. Sie können auch Filter und Regeln verwenden, um Ihre E-Mails automatisch in Ordnern zu sortieren, sodass Sie die wichtigsten Nachrichten priorisieren und zuerst beantworten können. Erwägen Sie, Newsletter und Werbe-E-Mails abzubestellen, die Sie nicht lesen, und nutzen Sie die Funktion „Nicht stören" Ihres E-Mail-Clients, um Benachrichtigungen während konzentrierter Arbeitsphasen abzuschalten.

Andere Ablenkungen bei der Arbeit, wie Telefongespräche, Bürolärm und soziale Medien, können unsere Konzentration und Produktivität beeinträchtigen. Um diese Ablenkungen zu vermeiden, sollten Sie Kopfhörer mit Geräuschunterdrückung verwenden, um eine ruhigere Arbeitsumgebung zu schaffen, Ihr Telefon auf lautlos stellen und Website-Blocker verwenden, um zu verhindern, dass Sie während der Arbeitszeit störende Websites besuchen. Sie können auch einen bestimmten Arbeitsbereich ohne Ablenkungen einrichten, beispielsweise eine ruhige Ecke im Büro oder einen separaten Raum.

Zusätzlich zu diesen spezifischen Taktiken ist es wichtig, einen umfassenden Ansatz zum Unterbrechungsmanagement zu entwickeln. Dazu gehört, dass Sie sich Ihres eigenen Energieniveaus und Ihrer Aufmerksamkeitsspanne bewusst sind, sich realistische Ziele setzen und bei Bedarf Pausen einlegen. Es bedeutet auch, dass Sie anderen Ihre Anforderungen erklären und Grenzen setzen, um Ihre Zeit und Aufmerksamkeit zu schützen.

Selbstreflektierende Fragen:

1. **Beurteilung der Arbeitsumgebung:** Wie förderlich ist meine aktuelle Arbeitsumgebung für konzentriertes und konzentriertes Arbeiten? Gibt es bestimmte Aspekte meines Arbeitsplatzes oder Büros, die mich regelmäßig ablenken? (Berücksichtigen Sie Beleuchtung, Geräuschpegel, Unordnung und Nähe zu Kollegen).
2. **Unterbrechungshäufigkeit:** Wie oft werde ich während meines Arbeitstages unterbrochen? Was sind die Hauptursachen dieser Unterbrechungen (z. B. Kollegen, E-Mails, Besprechungen)? Wie viel Zeit verliere ich normalerweise durch diese Unterbrechungen? (Verfolgen Sie die Unterbrechungen ein oder zwei Tage lang, um sich ein klares Bild zu machen.)

3. **Fokusblöcke:** Plane ich spezielle Zeitblöcke für konzentriertes Arbeiten ein? Wenn ja, wie effektiv sind diese Blöcke dabei, Ablenkungen zu minimieren und mir zu ermöglichen, mich auf konzentriertes Arbeiten einzulassen? (Denken Sie über Ihre aktuellen Planungspraktiken und deren Auswirkungen auf Ihre Konzentration nach.)
4. **Kommunikationsmuster:** Wie teile ich Kollegen und Vorgesetzten mit, dass ich mich konzentrieren muss? Setze ich klare Grenzen für meine Arbeitszeit oder bin ich leicht erreichbar und anfällig für Unterbrechungen? (Überlegen Sie, wie Sie die Kommunikation bezüglich Ihres Konzentrationsbedarfs verbessern können.)
5. **Integration von Arbeit und Privatleben:** Wie gut integriere ich mein Berufs- und Privatleben? Habe ich klare Grenzen zwischen Arbeit und Freizeit oder rufe ich außerhalb der Arbeitszeiten ständig E-Mails ab und beantworte Nachrichten? (Denken Sie darüber nach, wie sich Ihre Arbeitsgewohnheiten auf Ihr Privatleben auswirken und umgekehrt.)

Transformative Übungen:

1. **Optimierung des Arbeitsplatzes:** Finden Sie heraus, welche Änderungen Sie an Ihrem Arbeitsplatz vornehmen können, um Ablenkungen zu minimieren und die Konzentration zu verbessern. Dies kann das

Aufräumen Ihres Schreibtisches, die Anpassung der Beleuchtung, die Verwendung von Kopfhörern mit Geräuschunterdrückung oder der Umzug in einen ruhigeren Bereich sein.
2. **Zeitplan für konzentriertes Arbeiten:** Reservieren Sie in Ihrem Kalender bestimmte Zeiten für konzentriertes Arbeiten. Teilen Sie Kollegen und Vorgesetzten Ihre Verfügbarkeit mit und vermeiden Sie es, während dieser speziellen Konzentrationsblöcke Besprechungen oder andere Verpflichtungen zu planen.
3. **Unterbrechungsmanagement:** Entwickeln Sie Strategien zum Umgang mit Unterbrechungen. Dies kann das Festlegen von Bürozeiten für Kollegen, das Sammeln von E-Mail-Antworten oder das Aufstellen eines „Bitte nicht stören"-Schilds sein, um zu signalisieren, dass Sie ungestörte Arbeitszeit benötigen.
4. **Konzentrationsrituale:** Schaffen Sie ein Ritual vor der Arbeit, das Ihnen hilft, sich auf eine konzentrierte Denkweise einzustellen. Dies könnte eine kurze Meditation, ein paar tiefe Atemzüge oder die Überprüfung Ihrer Ziele für den Tag sein. Sie können auch ein Ritual nach der Arbeit schaffen, das Ihnen hilft, von der Arbeit abzuschalten und in Ihre persönliche Zeit überzugehen.
5. **Technikfreie Zonen:** Richten Sie technikfreie Zonen in Ihrem Leben ein,

sowohl bei der Arbeit als auch zu Hause. Dies könnte bedeuten, bestimmte Bereiche als gerätefrei zu kennzeichnen, wie beispielsweise Ihr Schlafzimmer oder Esszimmer, oder bestimmte Tageszeiten festzulegen, zu denen Sie sich von der Technik trennen.

Kapitel fünfzehn: Das fokussierte Leben

Mehr als Produktivität: Die Vorteile der Konzentration

Über die Produktivität hinaus gibt es eine Vielzahl von Vorteilen, die unsere Kreativität, Entscheidungsfindung, unser Wohlbefinden und unser allgemeines Zielbewusstsein beeinflussen. Indem wir uns die Kraft der Konzentration zunutze machen, können wir ein tieferes, lohnenderes Leben führen, das über das Abhaken von Kästchen und das Einhalten von Fristen hinausgeht.

Kreativität, dieser schwer fassbare Funke, der Kreativität entzündet und Fortschritt vorantreibt, gedeiht auf dem fruchtbaren Boden der Aufmerksamkeit. Wenn wir uns voll und ganz auf eine Aufgabe oder ein Unterfangen konzentrieren, kann unser Gehirn abschweifen, Verbindungen finden und neue Möglichkeiten erkunden. Dieser Zustand tiefer Konzentration ermöglicht uns den Zugang zu unserem Unterbewusstsein, wo normalerweise kreative Konzepte und Lösungen zu Hause sind. Denken Sie an die zahlreichen Durchbrüche und Innovationen, die aus Phasen friedlichen Denkens und ungestörter Konzentration resultierten. Von Einsteins Relativitätstheorie bis zur Erfindung des iPhone sind viele der größten Triumphe der Menschheit aus den Tiefen konzentrierter Aufmerksamkeit hervorgegangen.

Konzentration verbessert die Entscheidungsfindung, was sich auf jeden Aspekt unseres Lebens auswirkt. In einer Welt, die mit Informationen und Meinungen überflutet ist, ist die Fähigkeit, den Lärm auszublenden und sich auf die wichtigsten Aspekte zu konzentrieren, von entscheidender Bedeutung. Wenn wir konzentriert sind, können wir Informationen kritischer prüfen, Alternativen gründlicher abwägen und Entscheidungen treffen, die mit unseren Überzeugungen und Zielen im Einklang stehen. Diese Klarheit des Denkens kann unser Privat- und Berufsleben verbessern.

Konzentration ist mehr als nur ein Treibstoff für Kreativität und Entscheidungsfindung; sie ist auch eine Schlüsselkomponente des Wohlbefindens. Wenn wir uns voll und ganz auf eine Aktivität konzentrieren, die uns Spaß macht oder die wir sinnvoll finden, erreichen wir einen Zustand des

Flows, einen Zustand müheloser Konzentration, in dem die Zeit zu verschwinden scheint und wir ganz im gegenwärtigen Moment versinken. Dieser Flow-Zustand ist nicht nur erfreulich, sondern auch äußerst erholsam, er reduziert Stress, verbessert die Stimmung und steigert das allgemeine Wohlbefinden.

Darüber hinaus kann uns Konzentration dabei helfen, ein stärkeres Gefühl der Achtsamkeit zu entwickeln, also die Disziplin, dem gegenwärtigen Moment ohne Urteil Aufmerksamkeit zu schenken. Wir können dem Kreislauf des Grübelns und der Sorgen entkommen, der unseren Geist plagt, indem wir lernen, unsere Aufmerksamkeit auf den gegenwärtigen Moment zu richten. Dies kann zu gesteigertem Selbstbewusstsein, emotionaler Regulierung und einem stärkeren Gefühl innerer Ruhe führen.

Konzentration ist auch wichtig, um unsere Zielstrebigkeit zu formen. Wenn wir unsere Energie und Aufmerksamkeit auf unsere Leidenschaften und Ideale richten können, ist es wahrscheinlicher, dass wir in unserem Leben ein Gefühl von Zielstrebigkeit und Erfüllung verspüren. Diese Zielstrebigkeit kann ein starker Motivator sein, der uns dazu inspiriert, Hindernisse zu überwinden, unsere Ziele zu verfolgen und einen positiven Unterschied in der Welt zu machen.

In einer Welt voller Ablenkungen ist Aufmerksamkeit nicht nur eine Frage der

Produktivität, sondern auch eines tieferen, bedeutungsvolleren Lebens. Wir können unser maximales Potenzial erreichen und ein erfolgreiches und zufriedenstellendes Leben führen, indem wir lernen, den Lärm zu beruhigen, Ablenkungen auszublenden und unsere Aufmerksamkeit auf das zu richten, was wirklich wichtig ist.

Die Vorteile der Aufmerksamkeit reichen weit über den Arbeitsplatz hinaus und erstrecken sich auf alle Aspekte unseres Lebens. Ob wir unsere Karriere vorantreiben, unsere Beziehungen stärken oder einfach den gegenwärtigen Moment genießen möchten, Konzentration ist der Schlüssel, der die Tür zu einem zufriedenstellenderen und sinnvolleren Leben öffnet.

Ein Leben voller Absicht gestalten: Ihr Weg zur Erfüllung

Ein Leben mit Absicht zu führen ist eine transformierende Reise, die es uns ermöglicht, unsere innere Landschaft zu erkunden, unsere Überzeugungen zu klären und bewusste Entscheidungen zu treffen, die unser wahres Selbst widerspiegeln. Es ist ein Prozess der Selbstfindung, in dem wir unsere Leidenschaften, Bestrebungen und Wünsche entdecken und unsere Aktivitäten an unseren Grundwerten ausrichten. Ein bewusstes

Leben ermöglicht es uns, ein Gefühl von Sinn, Bedeutung und Zufriedenheit zu entwickeln, das über die vergänglichen Freuden einer abgelenkten Gesellschaft hinausgeht.

Der erste Schritt zu einem Leben mit Absicht besteht darin, sich Ihr ideales Leben vorzustellen. Überlegen Sie, wie Ihr Leben anders aussehen könnte, wenn Sie die vollständige Kontrolle darüber hätten. Was würden Sie tun? Mit wem würden Sie Ihre Zeit verbringen? Wo würden Sie leben? Welchen Einfluss hätten Sie auf die Welt?

Bei dieser Aktivität geht es nicht darum, eine Fantasiewelt zu erschaffen, die unmöglich oder unrealistisch ist. Es geht darum, Ihre größten Leidenschaften und Wünsche zu entdecken und sie als Leitfaden auf Ihrer Reise zu nutzen. Indem Sie sich Ihr perfektes Leben vorstellen, können Sie beginnen, die genauen Ziele und Werte zu bestimmen, die Sie priorisieren möchten.

Sobald Sie ein klares Bild von Ihrer idealen Existenz haben, besteht der nächste Schritt darin, Ihr Verhalten mit diesen Überzeugungen in Einklang zu bringen. Werte sind Leitkonzepte, die unser Handeln und Verhalten beeinflussen. Unsere Werte definieren uns und das, wofür wir stehen. Indem wir unser Verhalten mit unseren Werten verbinden, können wir ein authentisches und erfülltes Leben führen.

Um Ihre Aktivitäten mit Ihren Werten in Einklang zu bringen, definieren Sie zunächst Ihre Grundwerte. Was sind die wichtigsten Aspekte Ihres Lebens? Ist es Ehrlichkeit, Integrität, Freundlichkeit, Fantasie, Abenteuer oder etwas anderes? Wenn Sie Ihre Grundprinzipien entdeckt haben, überlegen Sie, wie Sie diese in Ihrem täglichen Leben anwenden können. Wie können Sie persönliche und berufliche Entscheidungen treffen, die Ihre Werte widerspiegeln?

Wenn beispielsweise Kreativität einer Ihrer Grundwerte ist, könnten Sie jeden Tag Zeit für kreative Aktivitäten wie Schreiben, Zeichnen oder Musizieren einplanen. Wenn Abenteuer einer Ihrer wichtigsten Werte ist, könnten Sie regelmäßig Urlaube oder Ausflüge planen, um neue Orte zu erkunden und neue Dinge zu tun.

Die Ausrichtung Ihres Verhaltens an Ihren Prinzipien ist ein fortlaufender Prozess, der kontinuierliche Aufmerksamkeit und Reflexion erfordert. Es geht darum, bewusste Entscheidungen zu treffen, die mit Ihren innersten Überzeugungen und Zielen im Einklang stehen. Wenn Ihr Verhalten mit Ihren Überzeugungen im Einklang steht, werden Sie ein höheres Gefühl von Sinn, Bedeutung und Erfüllung in Ihrem Leben erfahren.

Ein fokussiertes Leben ist ein weiterer wichtiger Bestandteil eines bewussten Lebens. In einer Welt, die ständig um unsere Aufmerksamkeit buhlt, ist es normal, sich desorganisiert und überfordert zu fühlen. Indem wir uns konzentrieren, können wir unsere Energie und Aufmerksamkeit auf das konzentrieren, was wirklich wichtig ist. So können wir unsere Ziele erreichen und ein erfüllteres Leben führen.

Zielstrebiges Leben bedeutet, klare Ziele zu setzen und bewusste Entscheidungen darüber zu treffen, wie wir unsere Zeit und Energie verbringen. Es bedeutet, „Ja" zu Dingen zu sagen, die mit unseren Werten und Ambitionen im Einklang stehen, und „Nein" zu Ablenkungen und Zeitverschwendung, die uns von unserem wahren Weg abbringen.

Um die Konzentration zu fördern, können wir eine Reihe von Hilfsmitteln nutzen, darunter Achtsamkeitsmeditation, Zeitmanagementansätze und die Schaffung einer ablenkungsfreien Atmosphäre. Wir können auch Grenzen für die Technologie setzen, Schlaf und Bewegung priorisieren und Aktivitäten nachgehen, die unseren Geist und Körper stärken.

Indem wir bewusst leben und uns auf das Wesentliche konzentrieren, können wir ein erfülltes, bedeutungsvolles und bereicherndes Leben führen. Wir können das Muster der Ablenkung durchbrechen und ein Leben führen, das wirklich unser eigenes ist.

Selbstreflektierende Fragen:

1. **Lebenszufriedenheit:** Wie zufrieden bin ich insgesamt mit meinem Leben auf einer Skala von 1 bis 10? Welche Bereiche meines Lebens bereiten mir die meiste Freude und Erfüllung? Welche Bereiche könnten verbessert werden? (Denken Sie über Ihr allgemeines Glück nach und identifizieren Sie bestimmte Bereiche, die Sie verbessern möchten.)
2. **Werteausrichtung:** Wie gut stimmen meine täglichen Aktivitäten und Entscheidungen mit meinen Grundwerten überein? Lebe ich ein Leben, das mit meinen tiefsten Überzeugungen und Bestrebungen übereinstimmt? (Bewerten Sie, ob Ihre Handlungen Ihre Werte widerspiegeln, und identifizieren Sie etwaige Abweichungen).
3. **Persönliches Wachstum:** Strebe ich aktiv nach persönlichem Wachstum und Entwicklung? Welche neuen Fähigkeiten oder Kenntnisse möchte ich mir aneignen? Welche Schritte kann ich unternehmen, um meinen Horizont zu erweitern und mein volles Potenzial auszuschöpfen? (Ziehen Sie in Erwägung, sich Ziele für persönliches Wachstum zu setzen und einen Plan zu erstellen, um diese zu erreichen.)
4. **Beitrag:** Welchen Beitrag leiste ich für die Welt um mich herum? Habe ich einen positiven Einfluss auf meine Gemeinde, meine Familie oder die Umwelt? Wie kann

ich meine Talente und Fähigkeiten nutzen, um etwas zu bewirken? (Denken Sie über Ihre Beiträge nach und überlegen Sie, wie Sie einen größeren Einfluss ausüben können.)
5. **Lebenszweck:** Was ist mein übergeordneter Lebenszweck? Welches Erbe möchte ich hinterlassen? Als was für eine Person möchte ich in Erinnerung bleiben? (Erkunden Sie Ihren tieferen Sinn für Zweck und Bedeutung im Leben).

Transformative Übungen:

1. **Visionen für ein ideales Leben:** Erstellen Sie ein Vision Board oder schreiben Sie eine detaillierte Beschreibung Ihres idealen Lebens. Beziehen Sie Aspekte wie Ihre Karriere, Beziehungen, Gesundheit, Hobbys und persönliche Entwicklung mit ein. Stellen Sie sich vor, wie Sie dieses Leben leben und die damit verbundenen Emotionen spüren.
2. **Klärung der Werte:** Erstellen Sie eine Liste Ihrer Grundwerte. Überprüfen Sie dann Ihren Kalender und Ihre täglichen Aktivitäten, um zu sehen, wie gut sie mit Ihren Werten übereinstimmen. Identifizieren Sie alle Bereiche, in denen Sie Anpassungen vornehmen können, um Ihre Werte in Ihrem täglichen Leben besser widerzuspiegeln.
3. **Plan für persönliches Wachstum:** Setzen Sie sich konkrete Ziele für Ihr

persönliches Wachstum und Ihre Entwicklung. Dies kann das Erlernen einer neuen Fähigkeit, die Teilnahme an einem Kurs, das Lesen von Büchern zu einem bestimmten Thema oder die Teilnahme an Workshops oder Seminaren sein. Erstellen Sie einen Plan mit umsetzbaren Schritten zum Erreichen Ihrer Ziele.
4. **Beitragsprojekt:** Identifizieren Sie eine Sache oder ein Thema, das Ihnen am Herzen liegt, und finden Sie einen Weg, dazu beizutragen. Dies könnte bedeuten, dass Sie Ihre Zeit ehrenamtlich zur Verfügung stellen, Geld spenden oder Ihre Fähigkeiten und Ihr Fachwissen einsetzen, um eine Sache zu unterstützen, an die Sie glauben.
5. **Erkundung des Lebenszwecks:** Nehmen Sie sich etwas Zeit, um über Ihren Lebenszweck nachzudenken. Wofür begeistern Sie sich? Welche einzigartigen Gaben und Talente können Sie der Welt bieten? Wie können Sie Ihre Fähigkeiten und Erfahrungen nutzen, um das Leben anderer zu verbessern?

www.ingramcontent.com/pod-product-compliance
Lightning Source LLC
Chambersburg PA
CBHW071922210526
45479CB00002B/514